THIS BOOK BELONGS TO

____

____

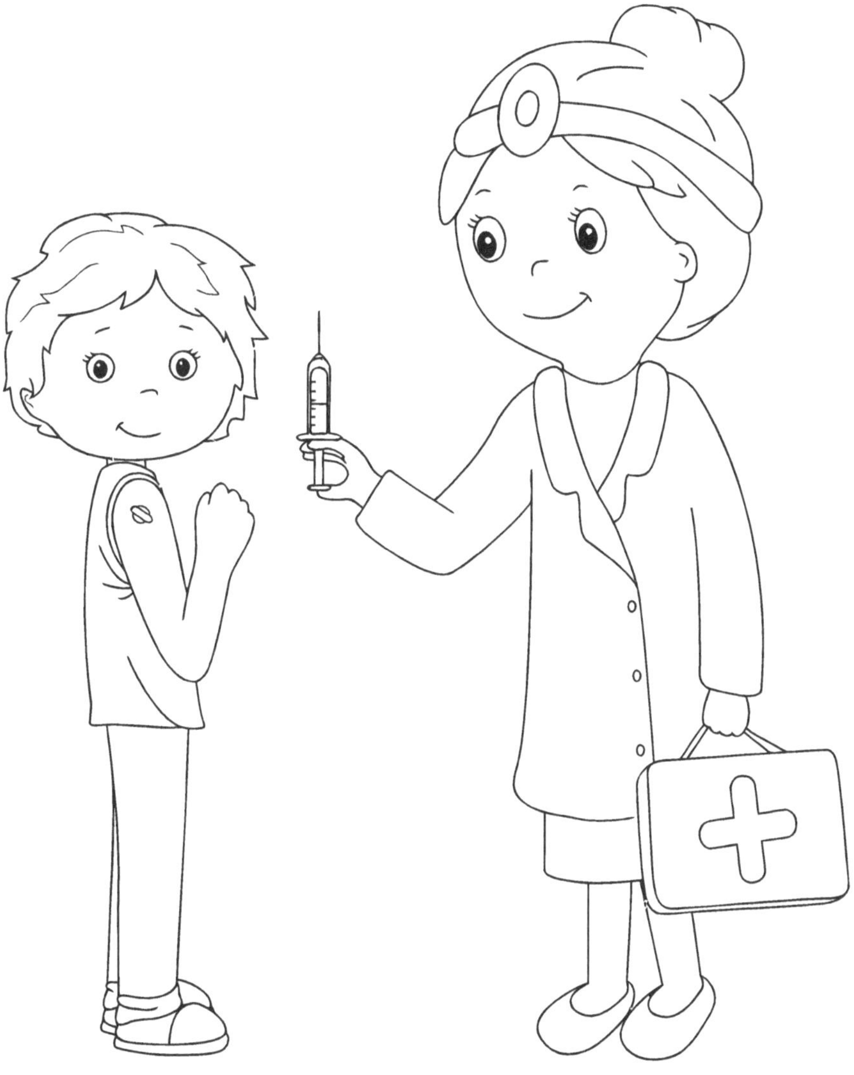

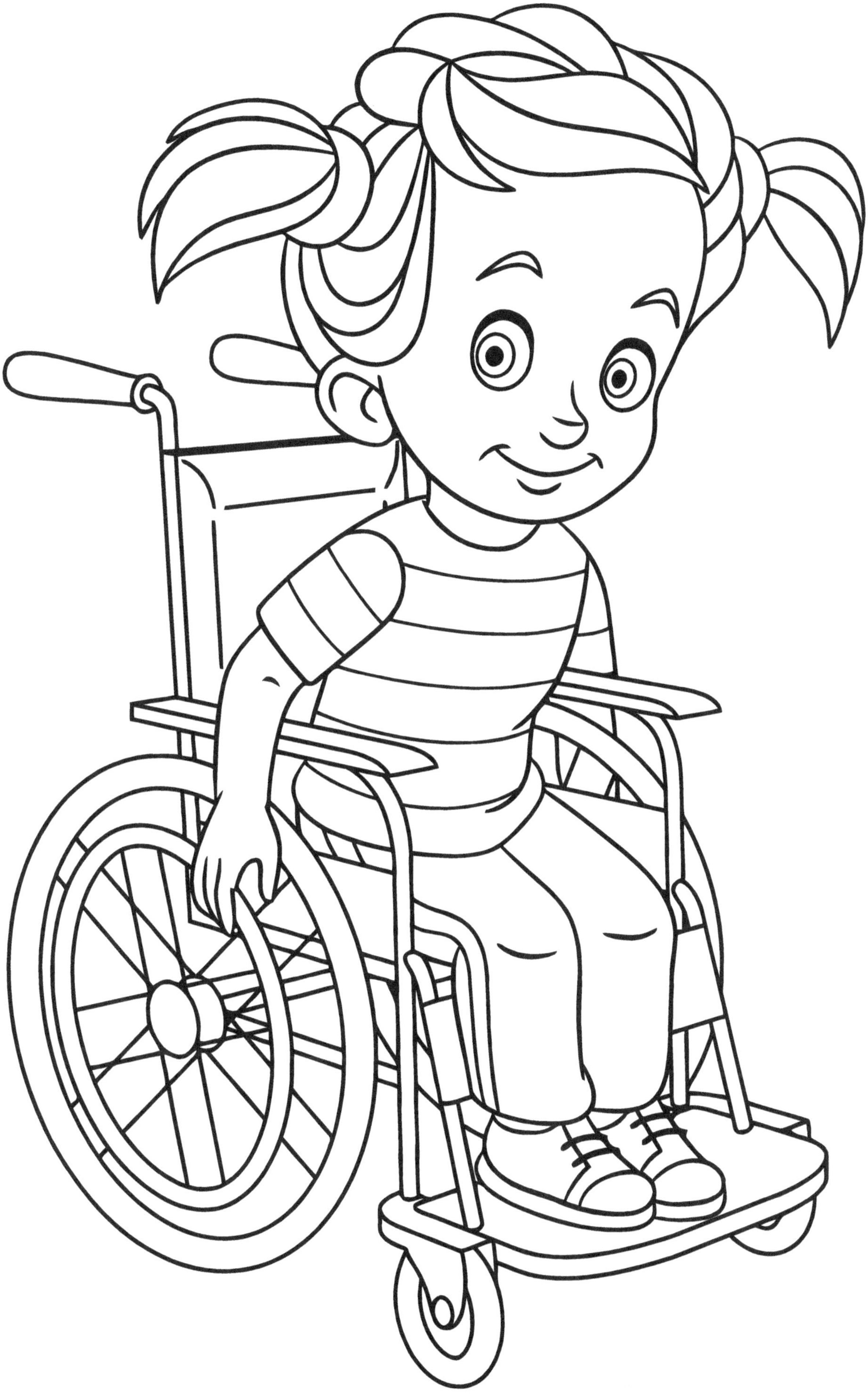

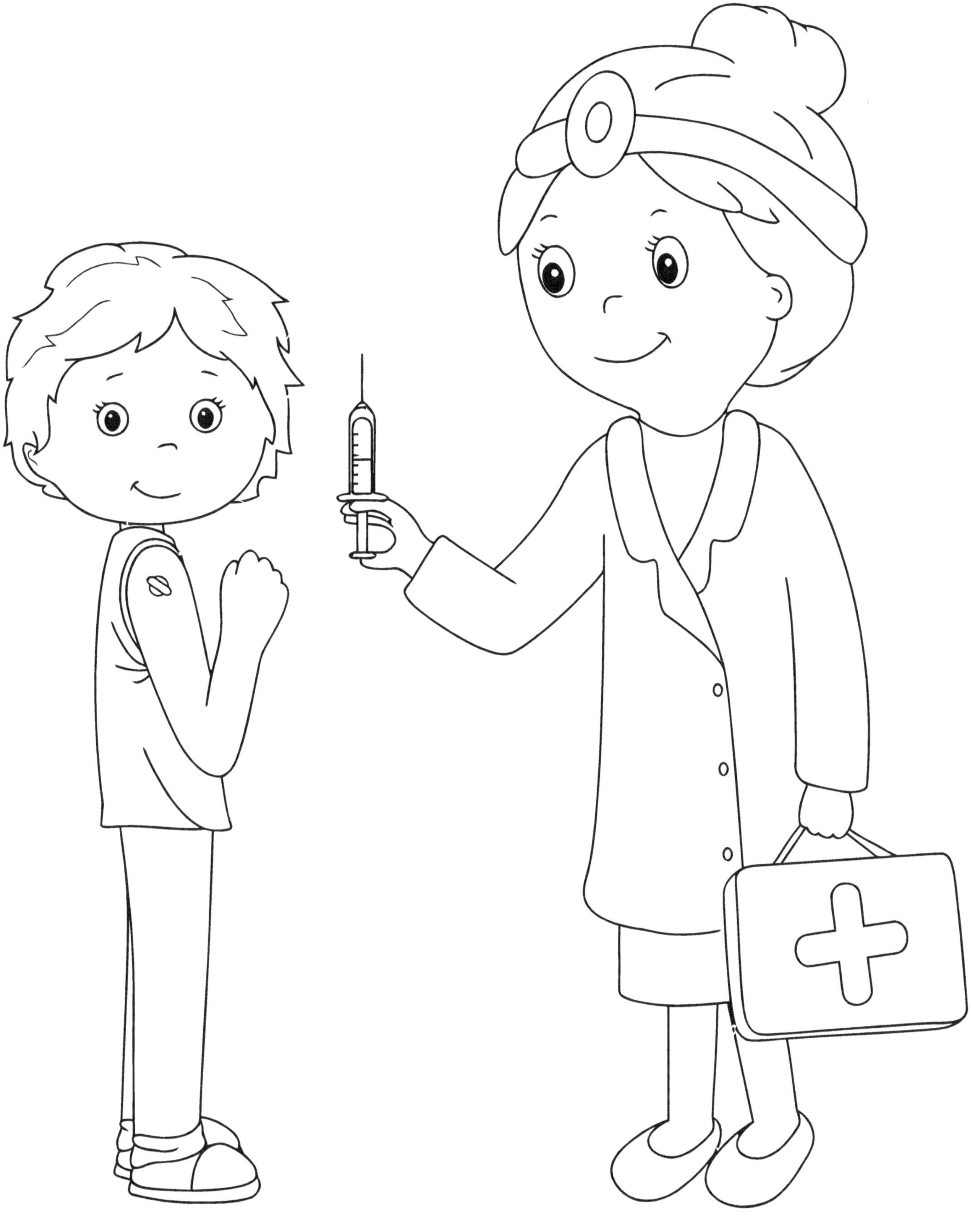

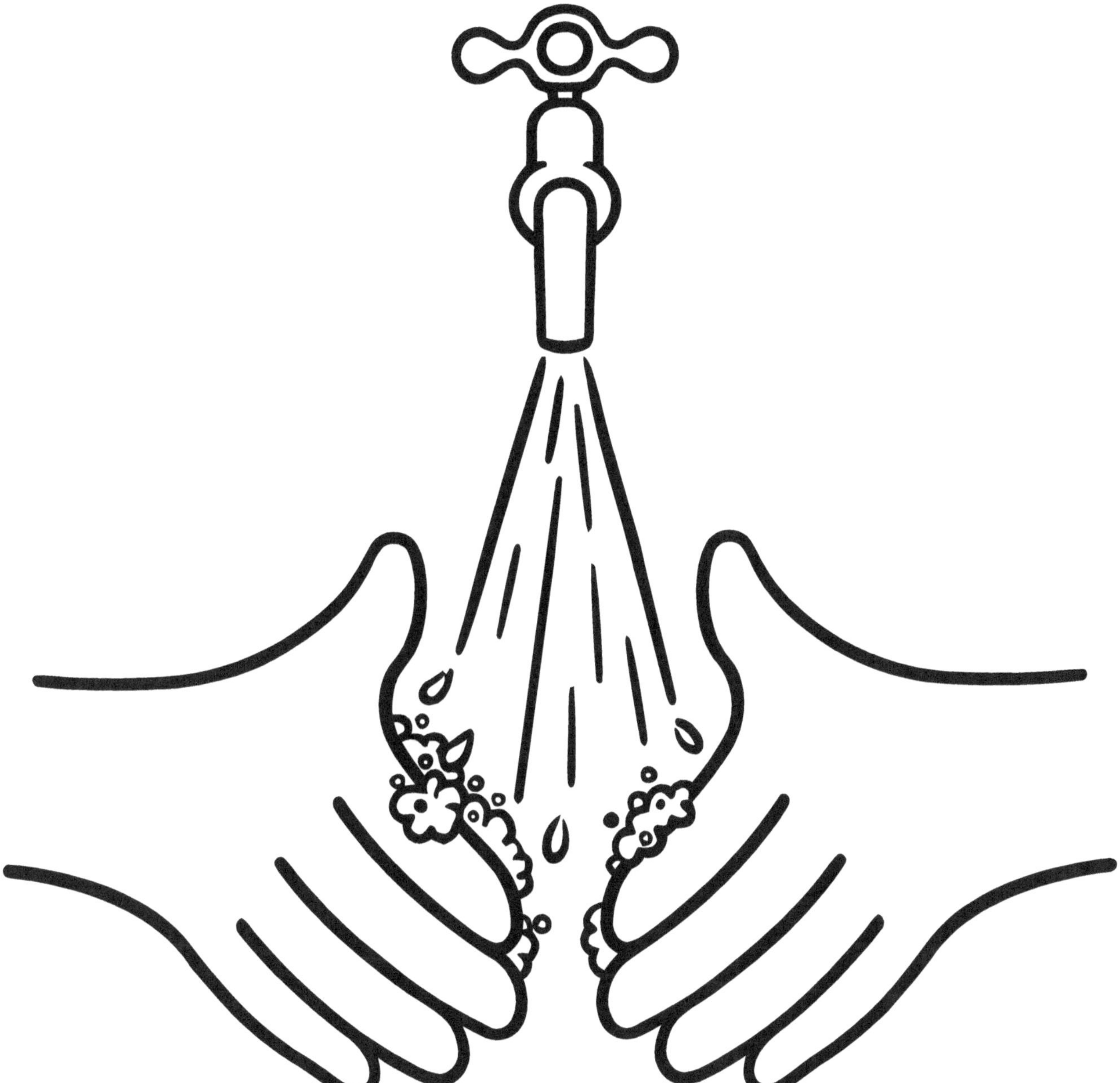

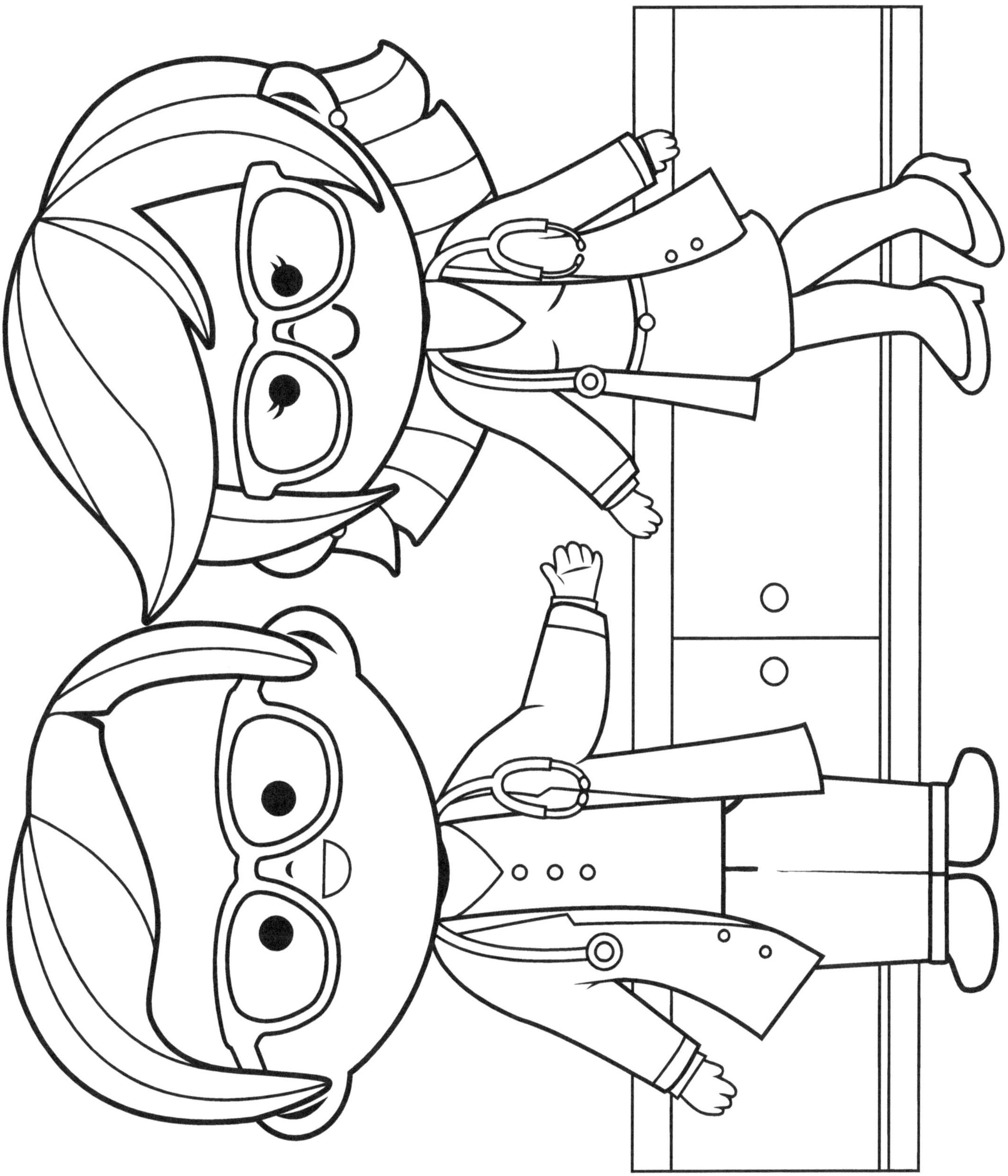

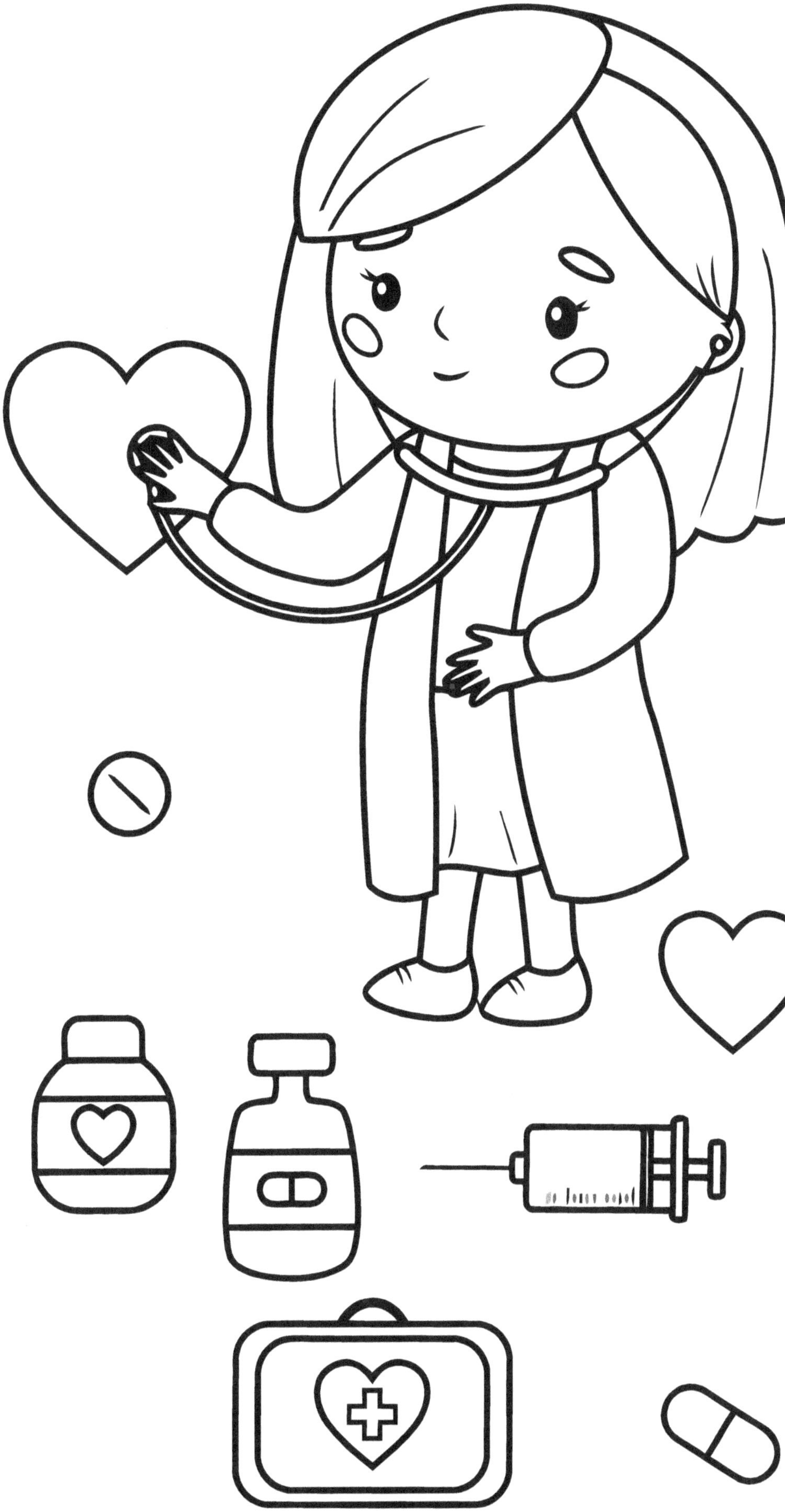

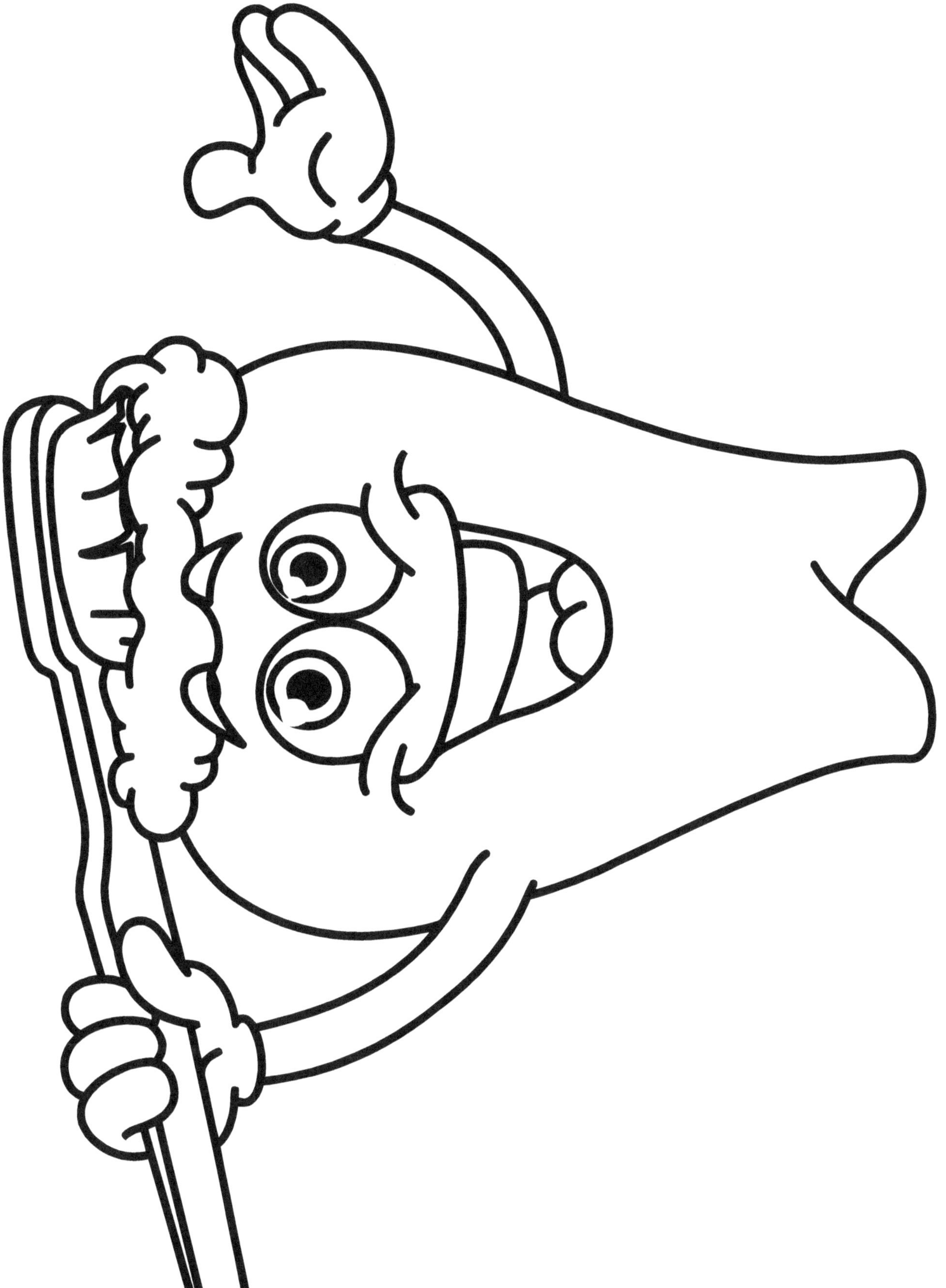

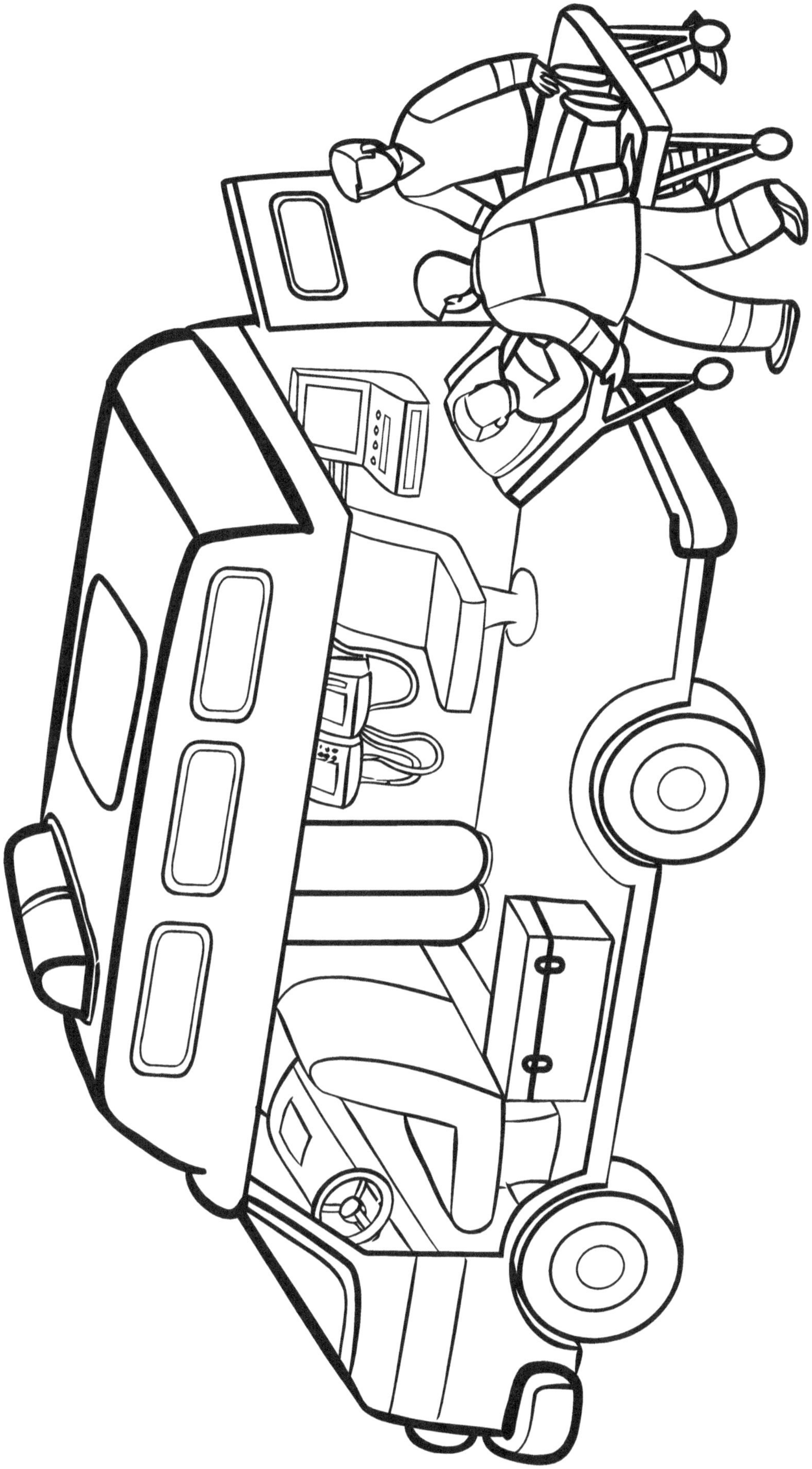

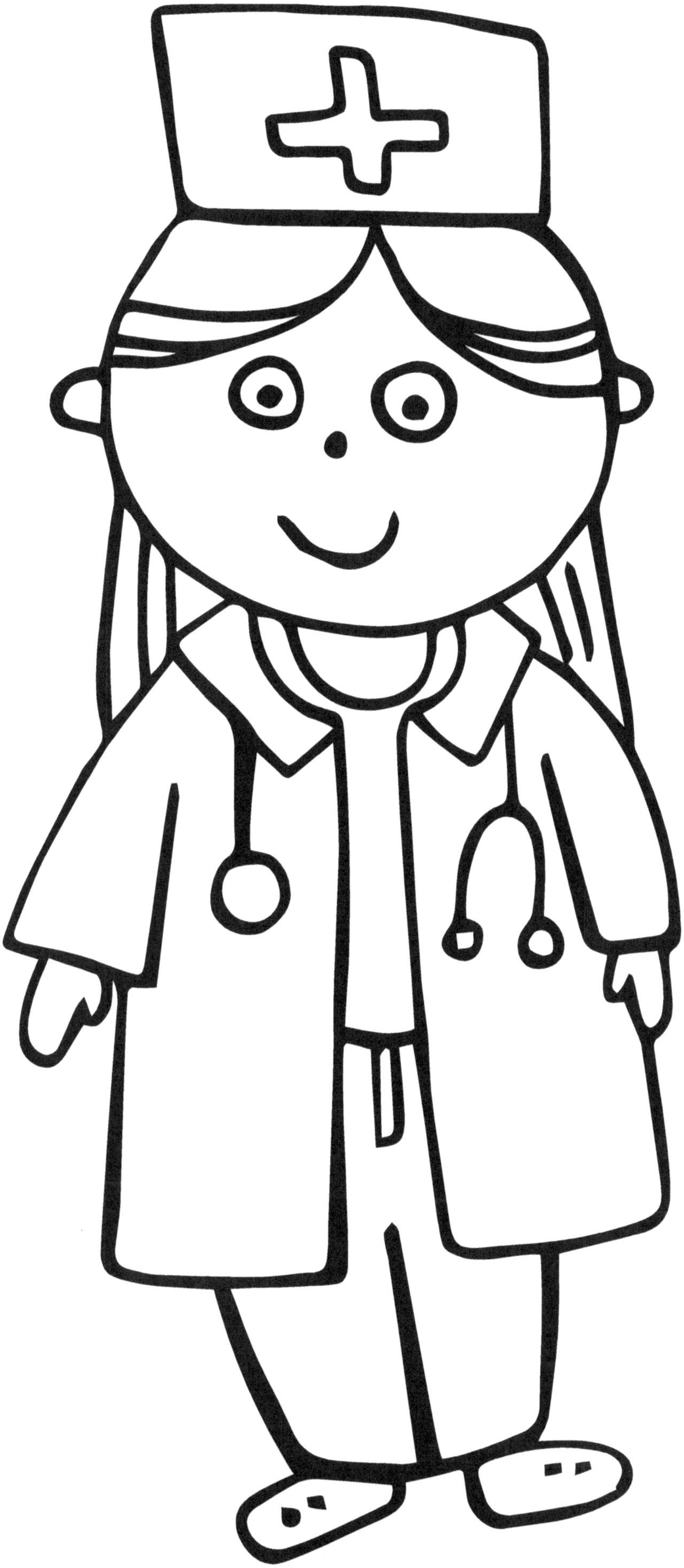

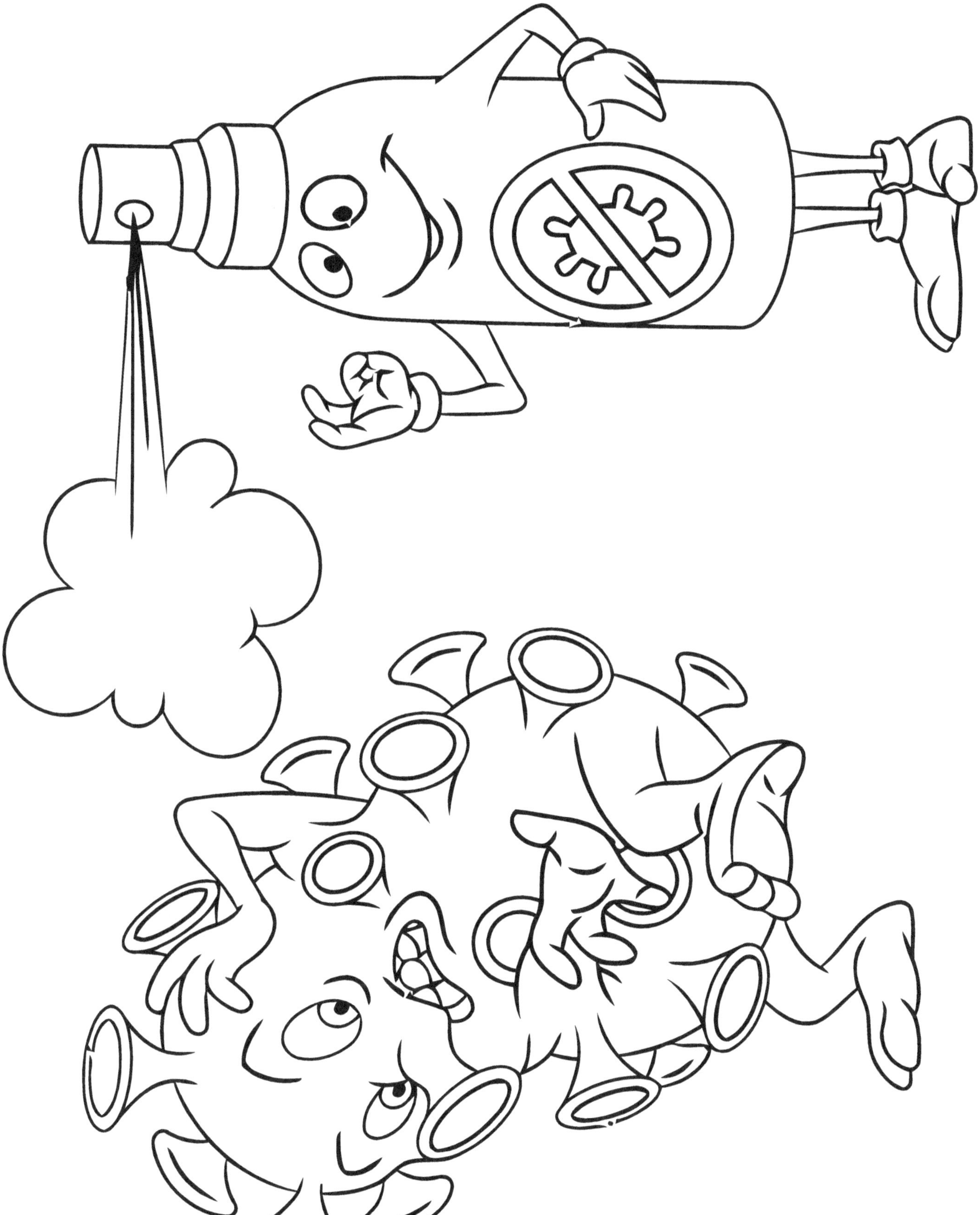

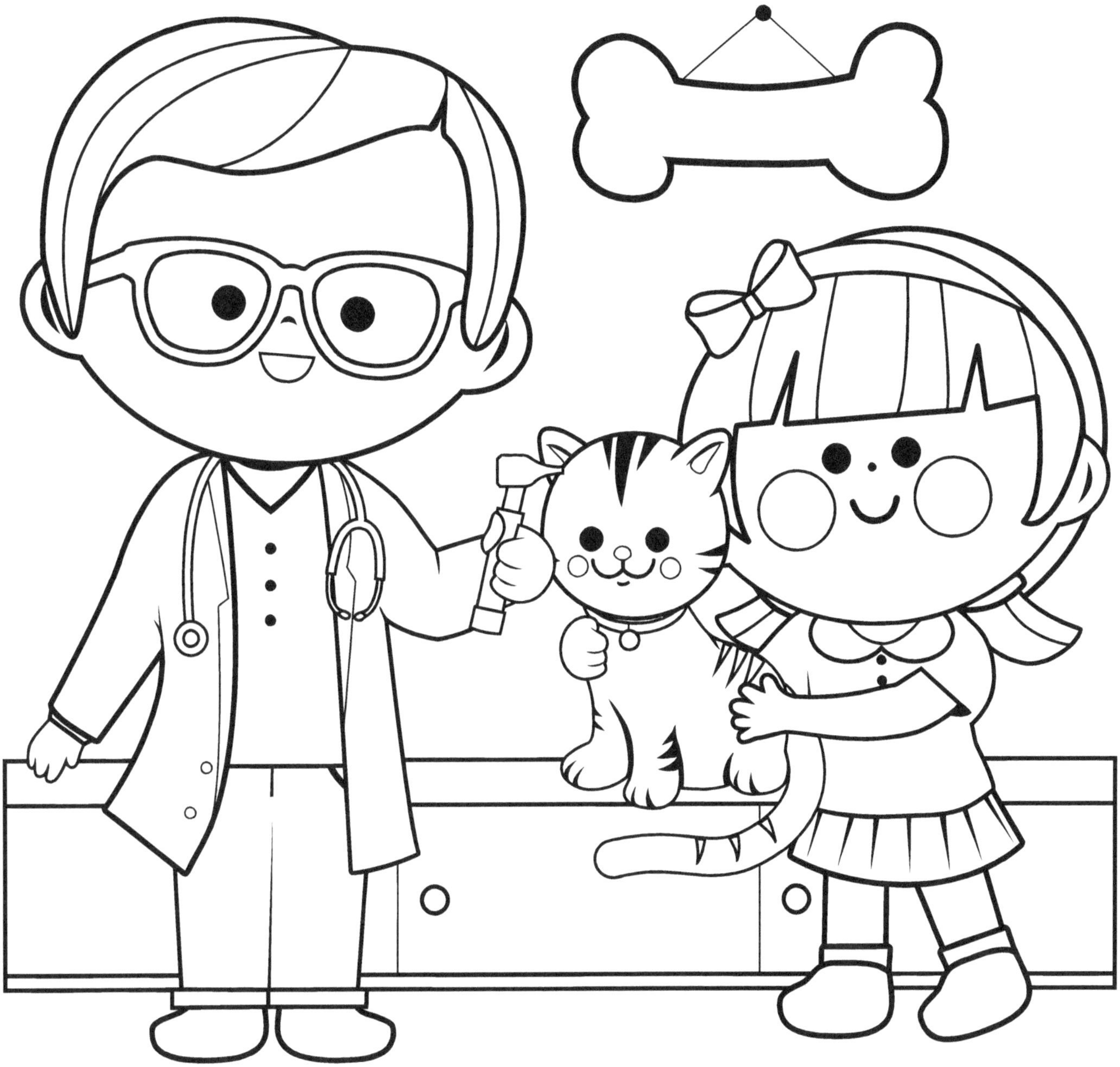

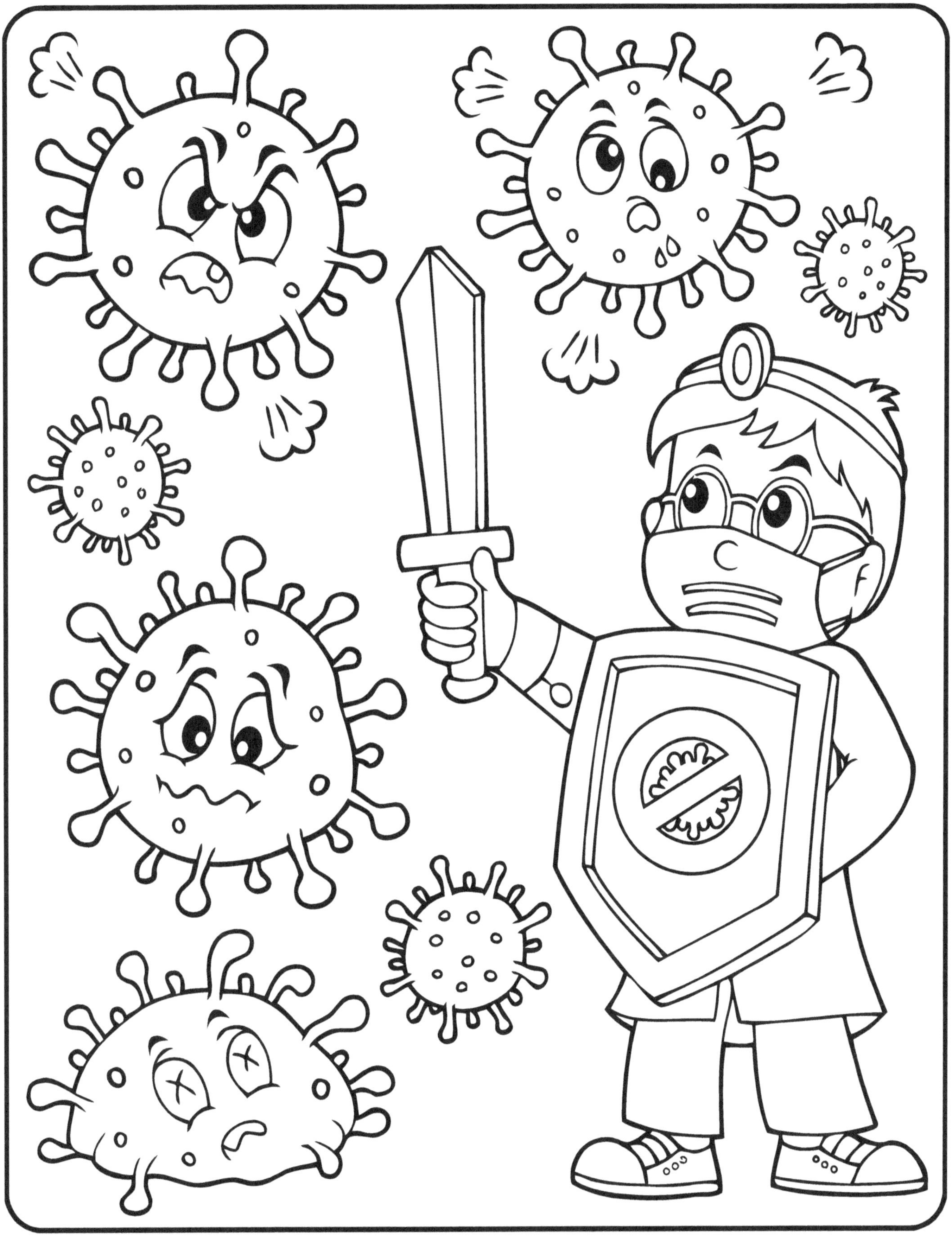

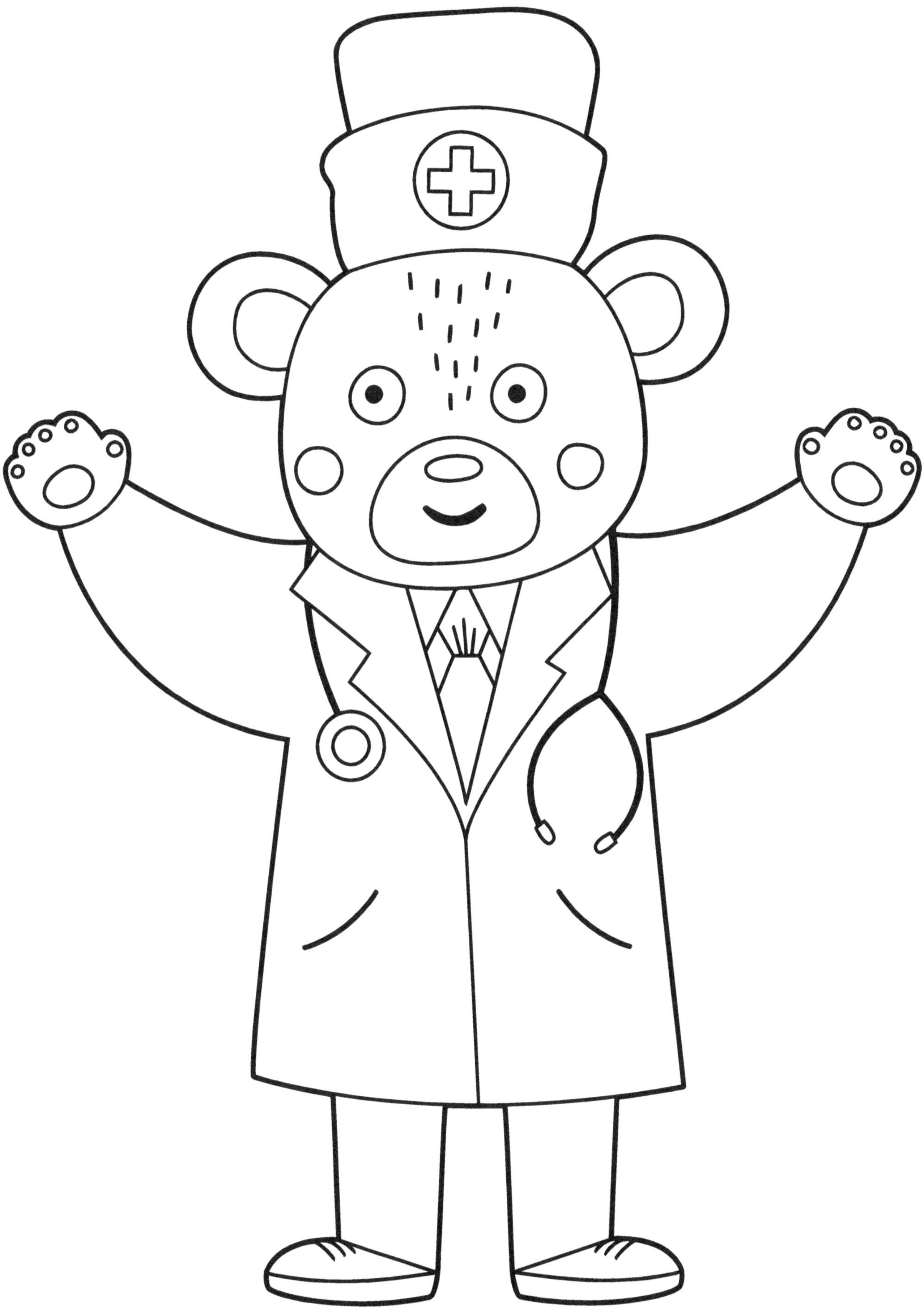

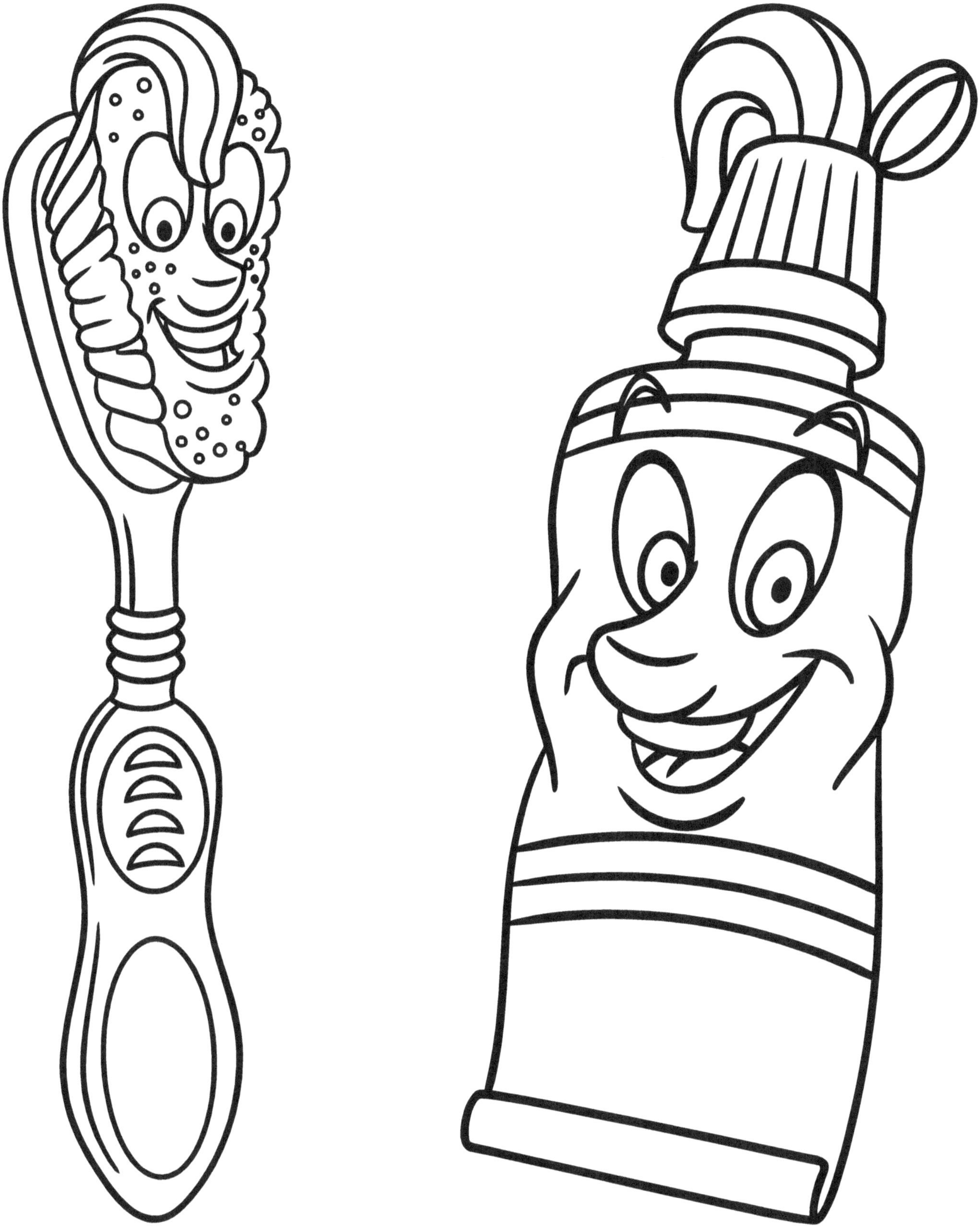

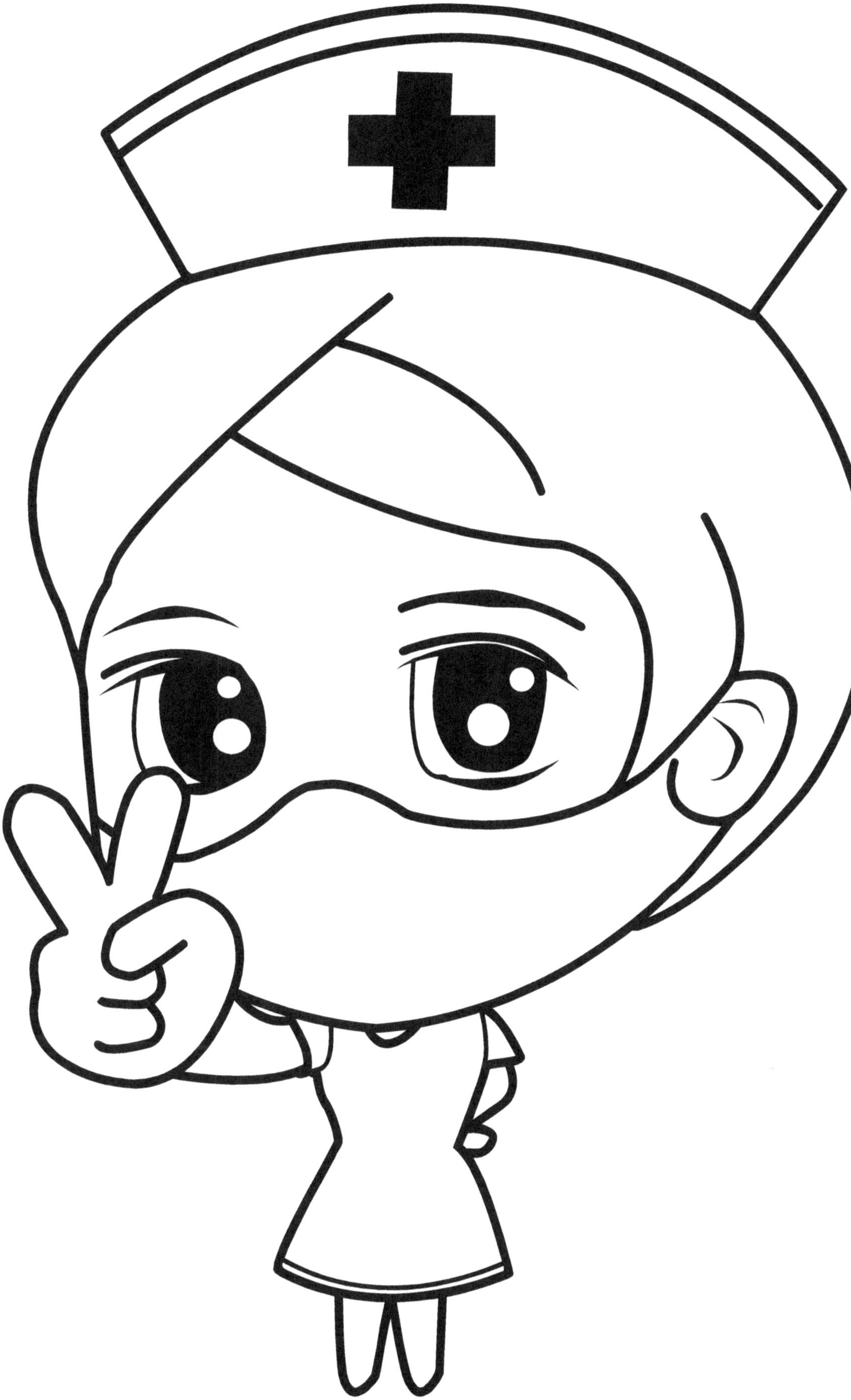

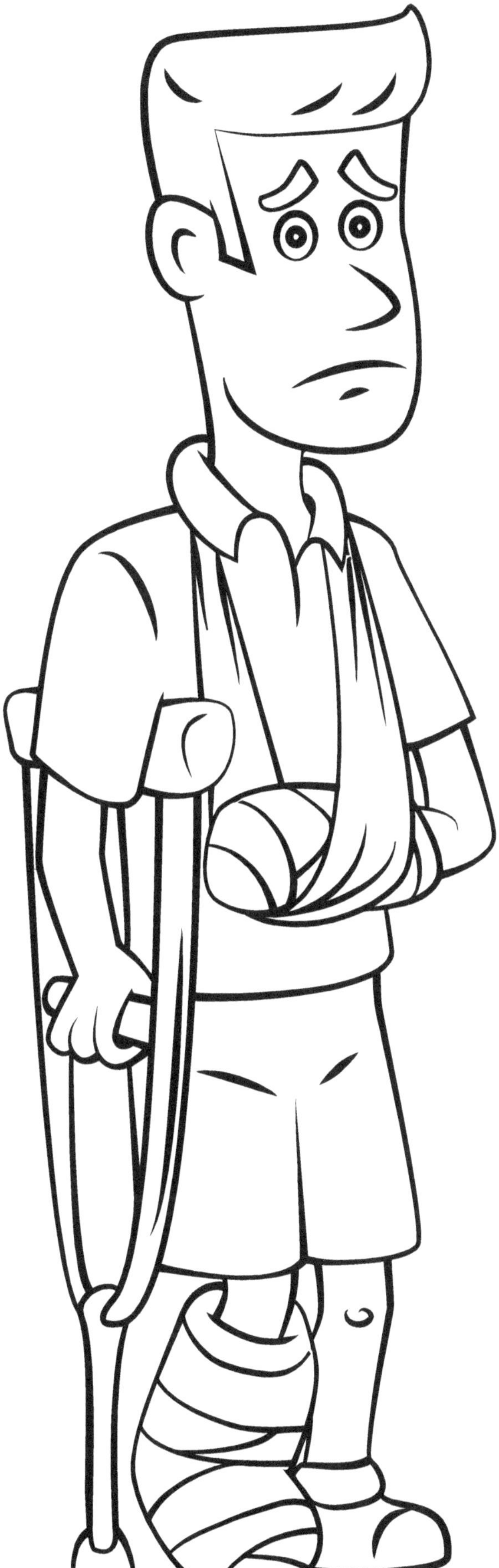

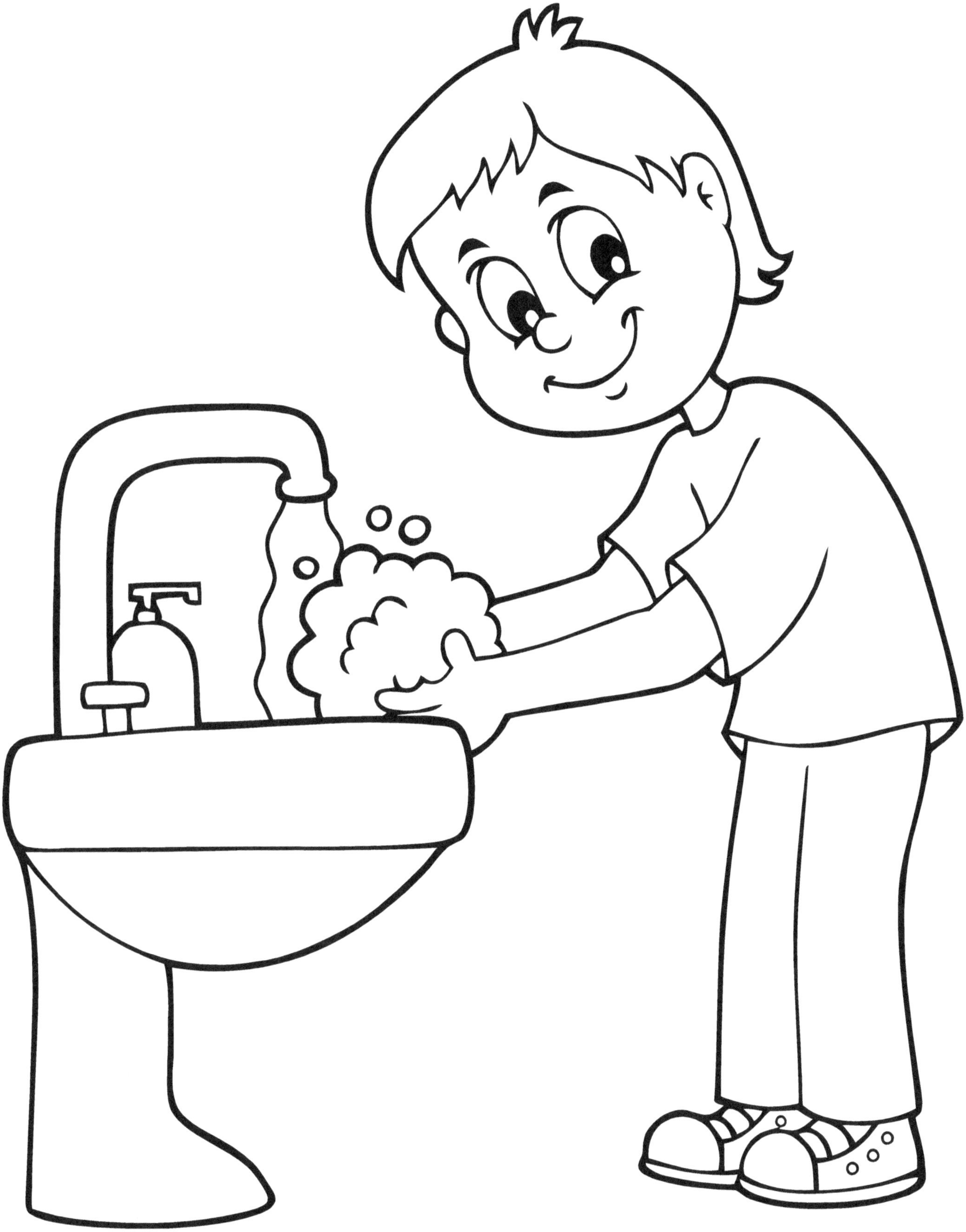

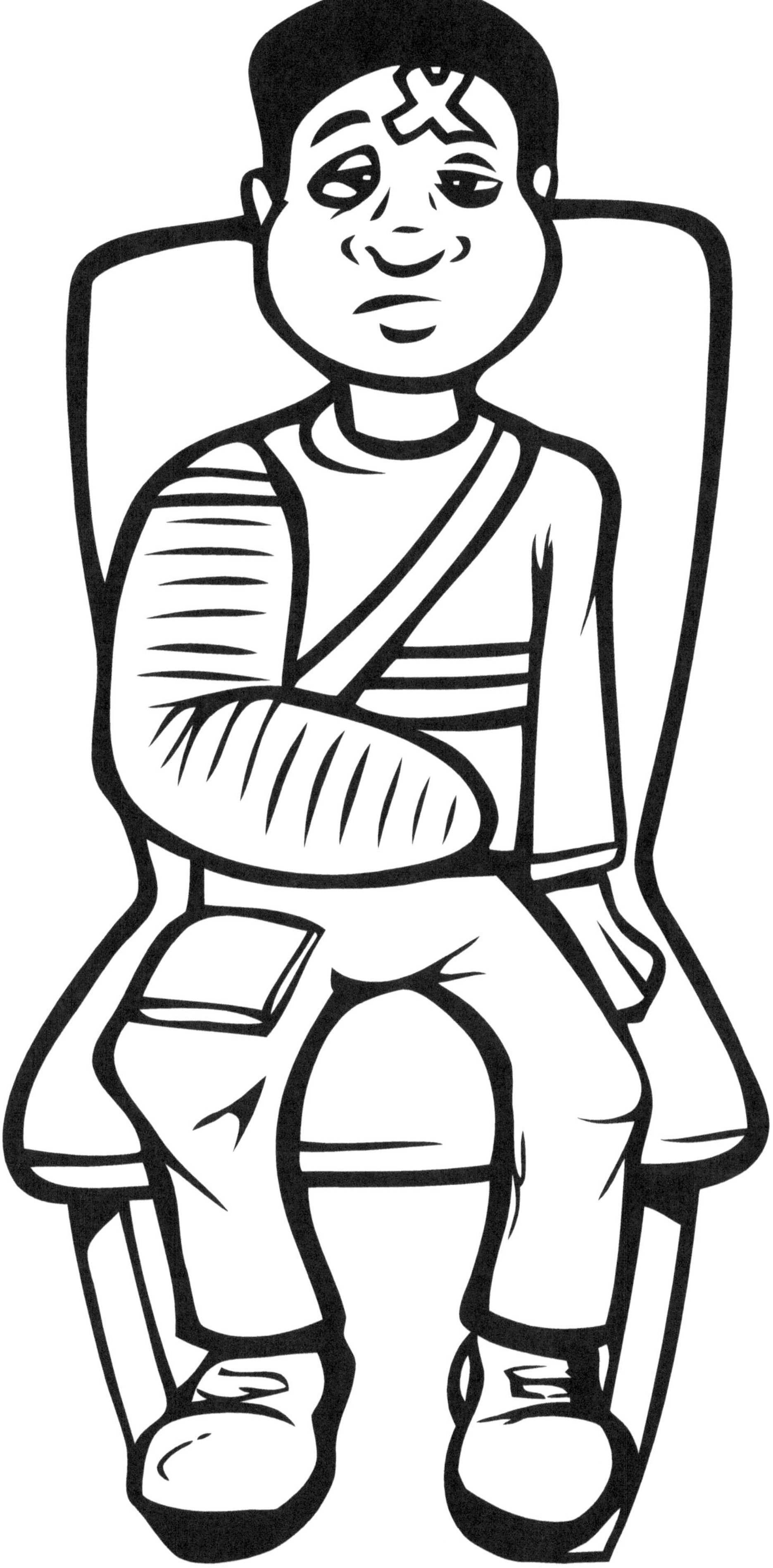

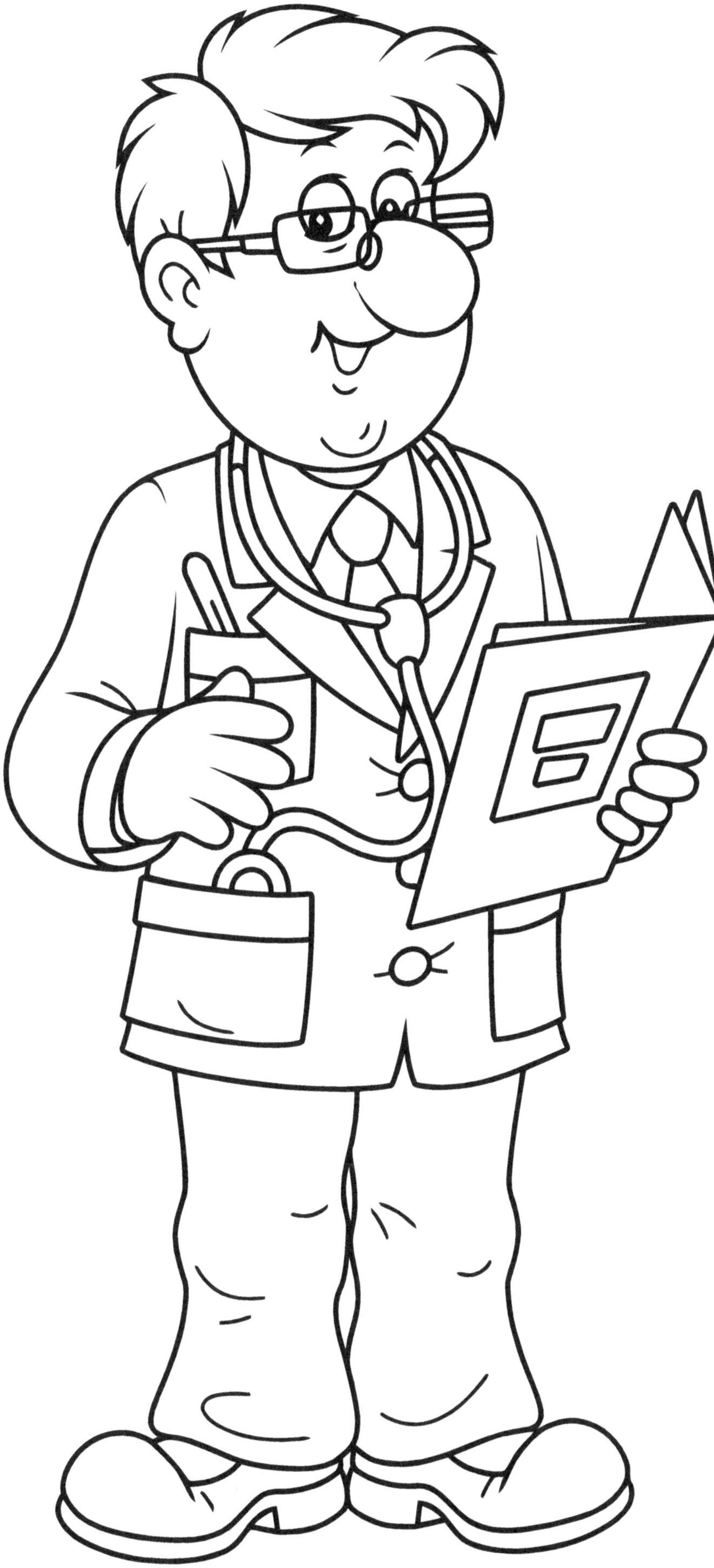

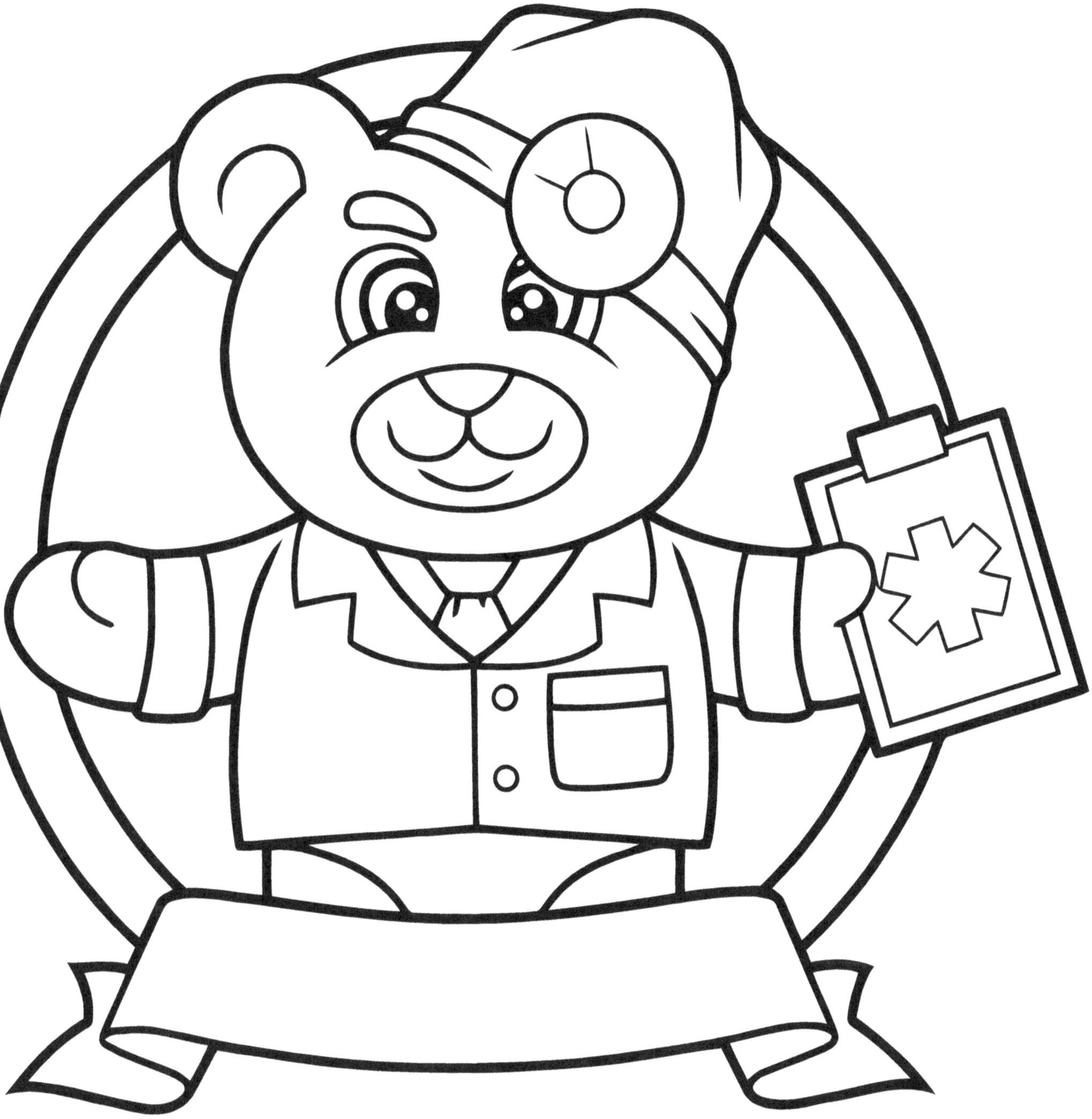

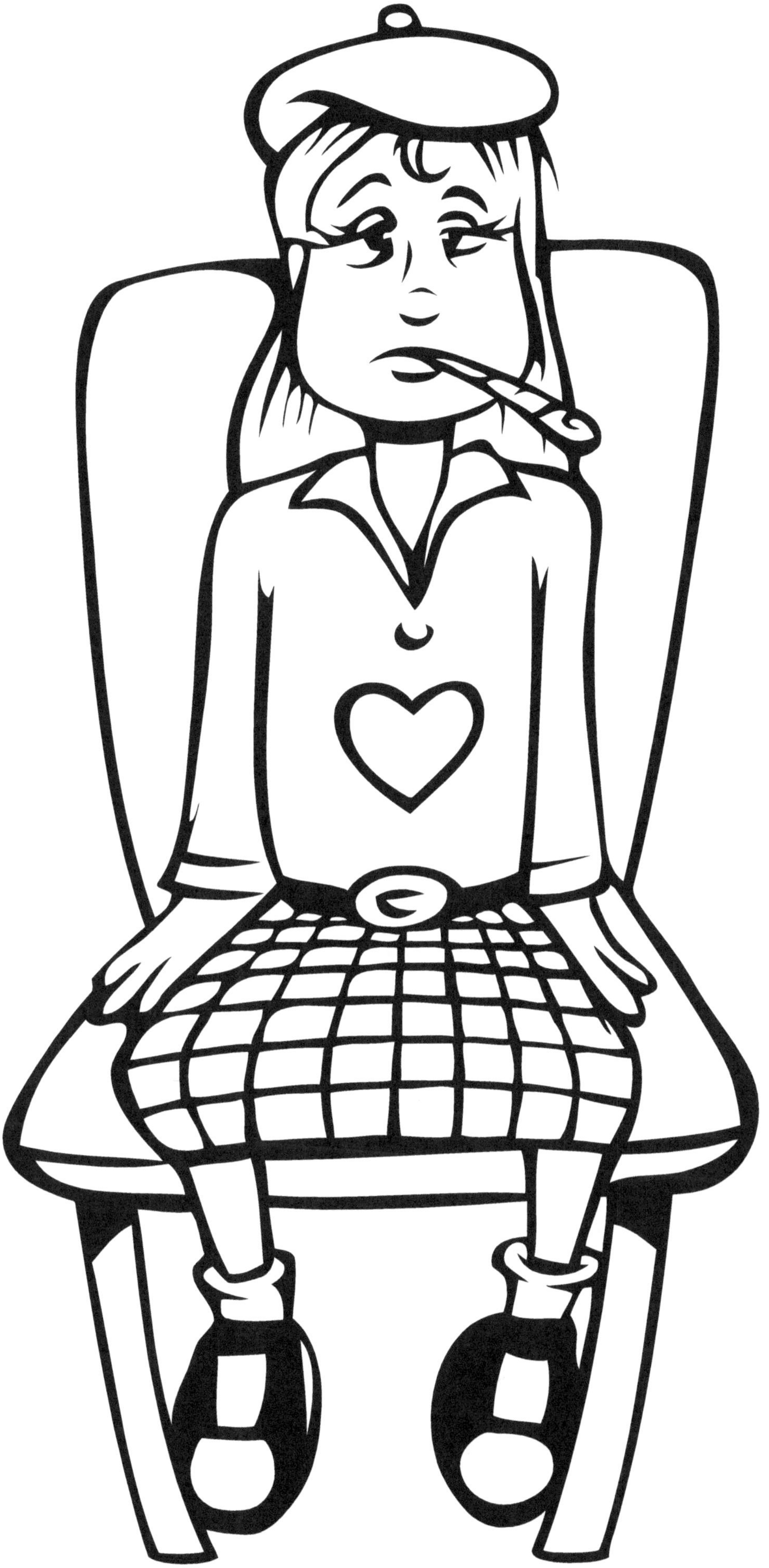

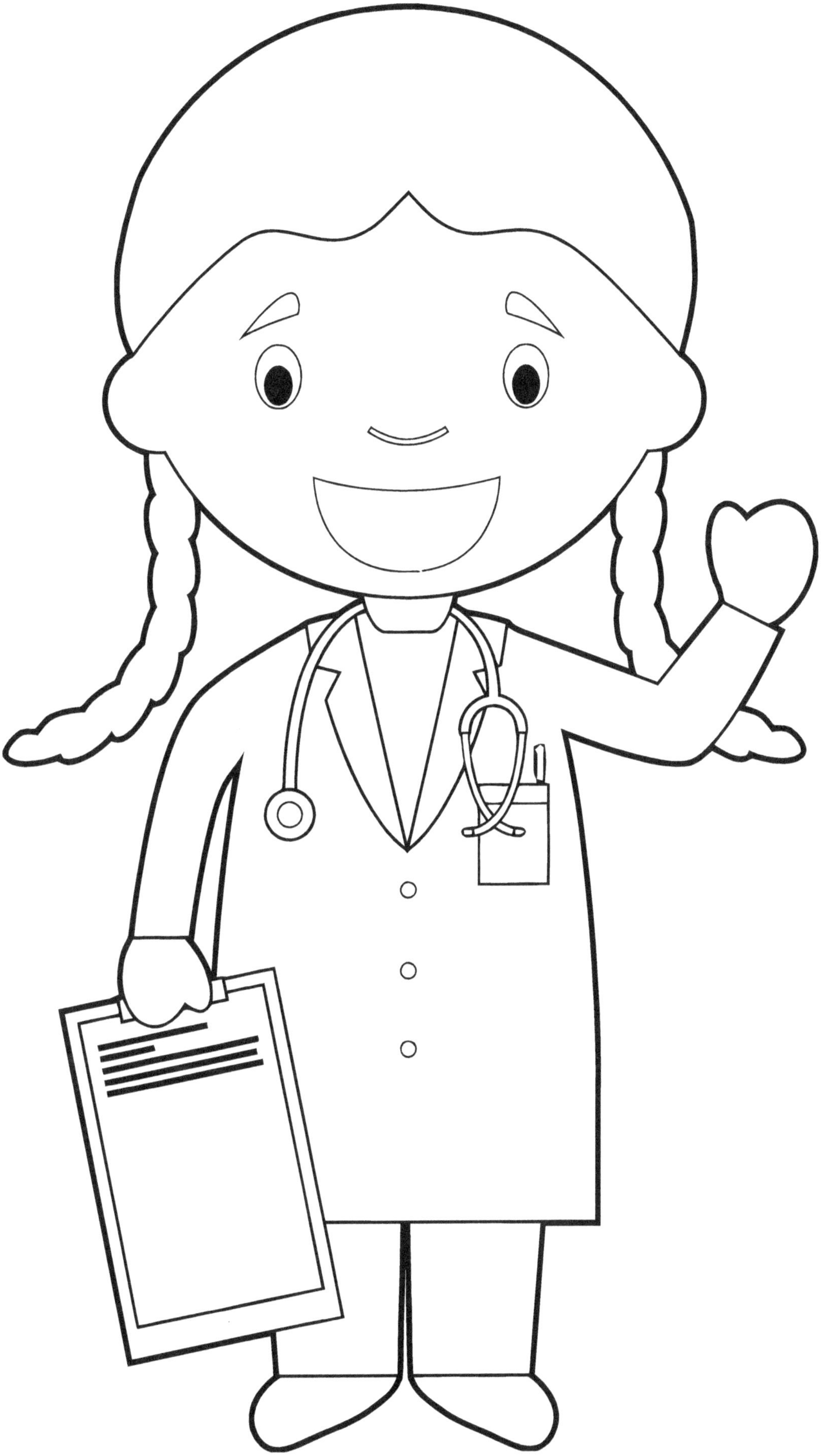

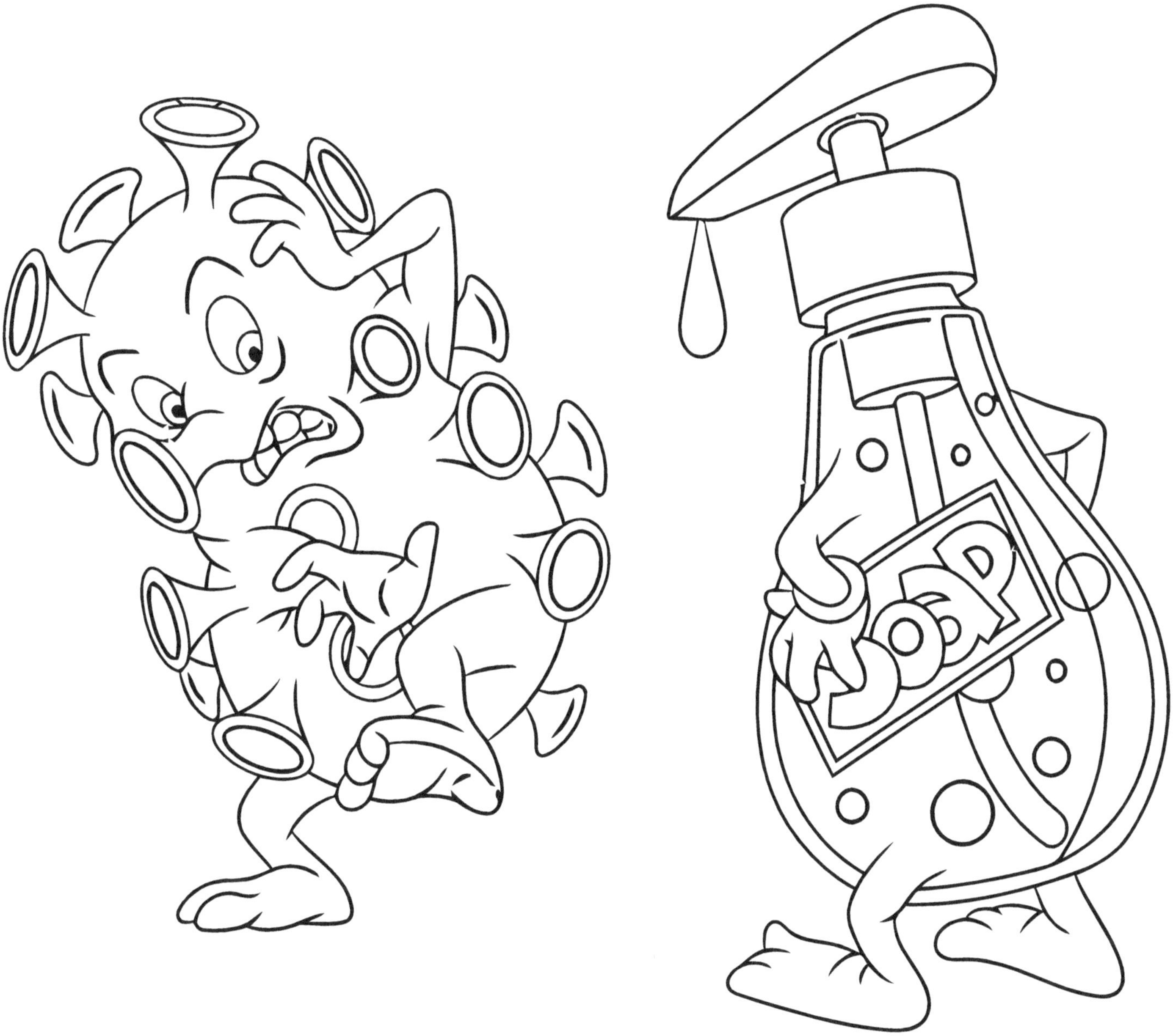
SOAP

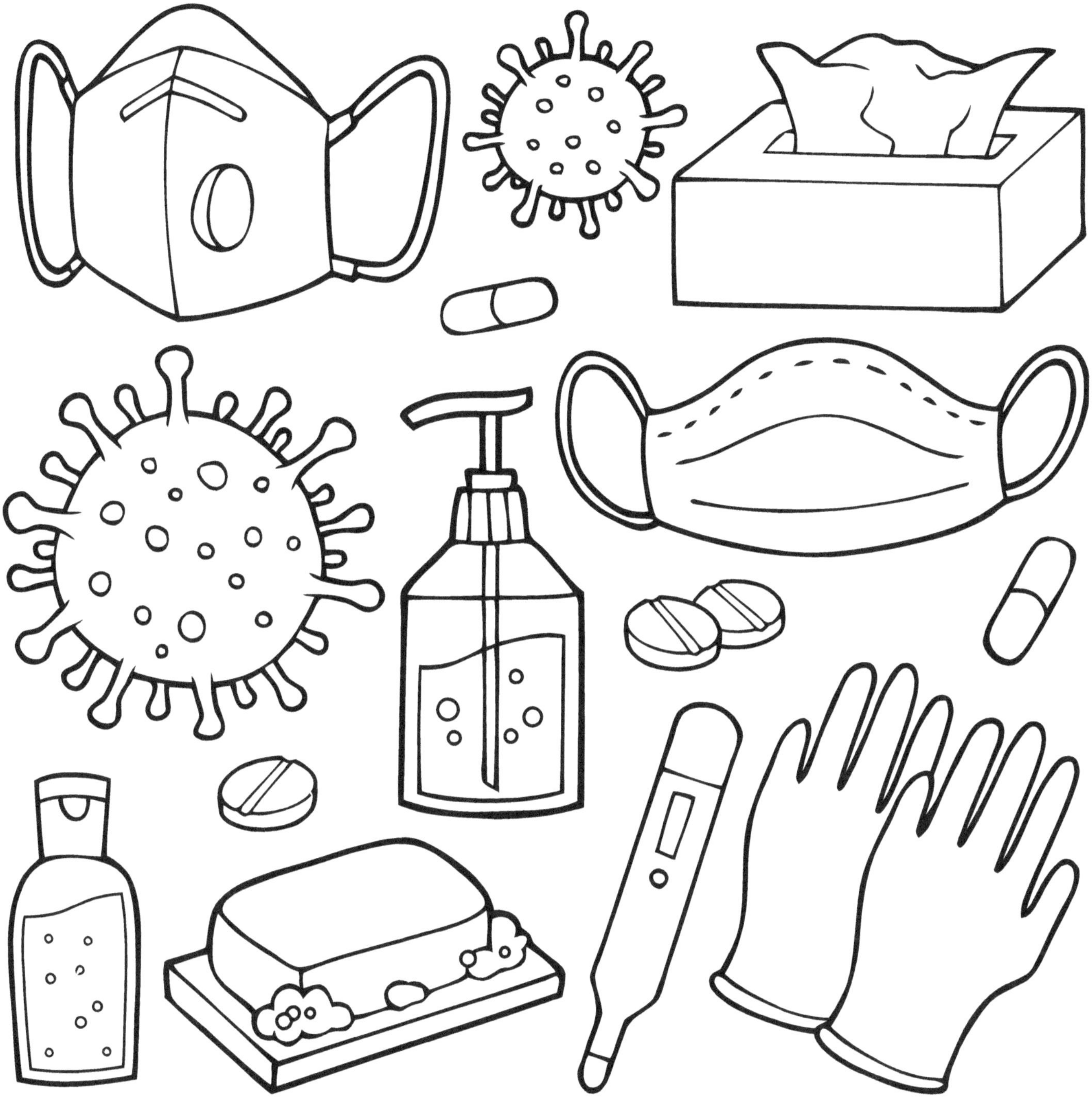

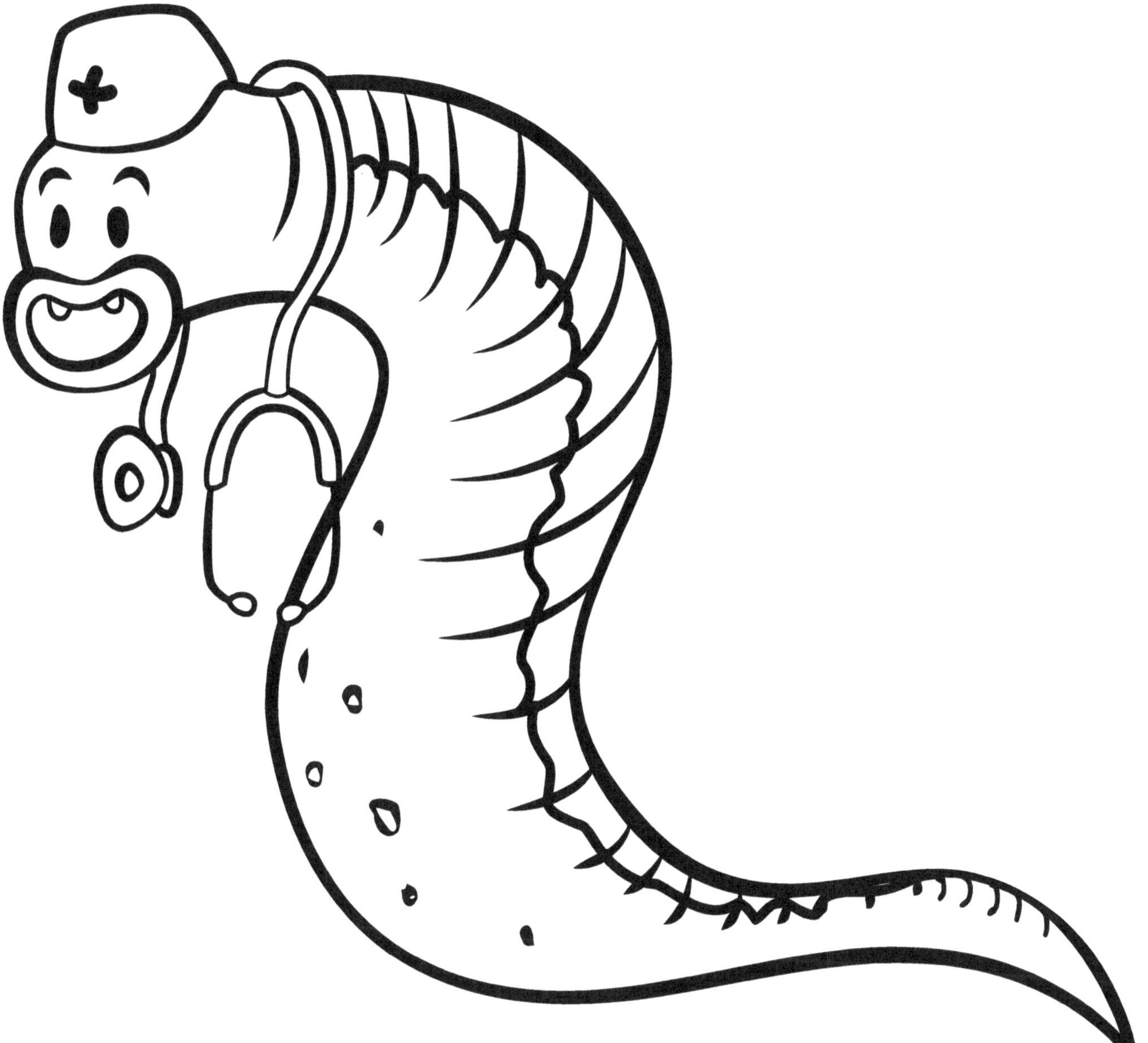

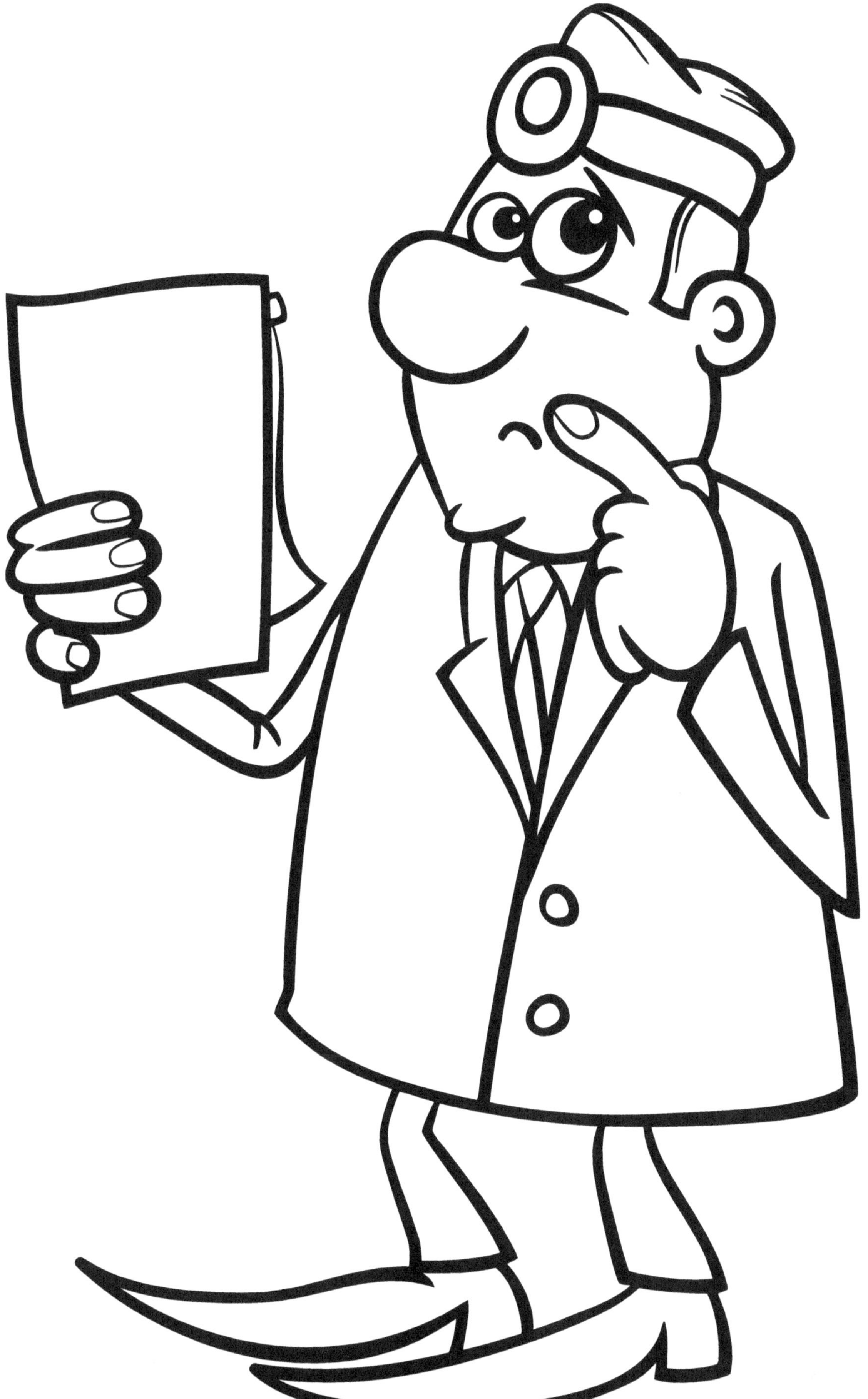

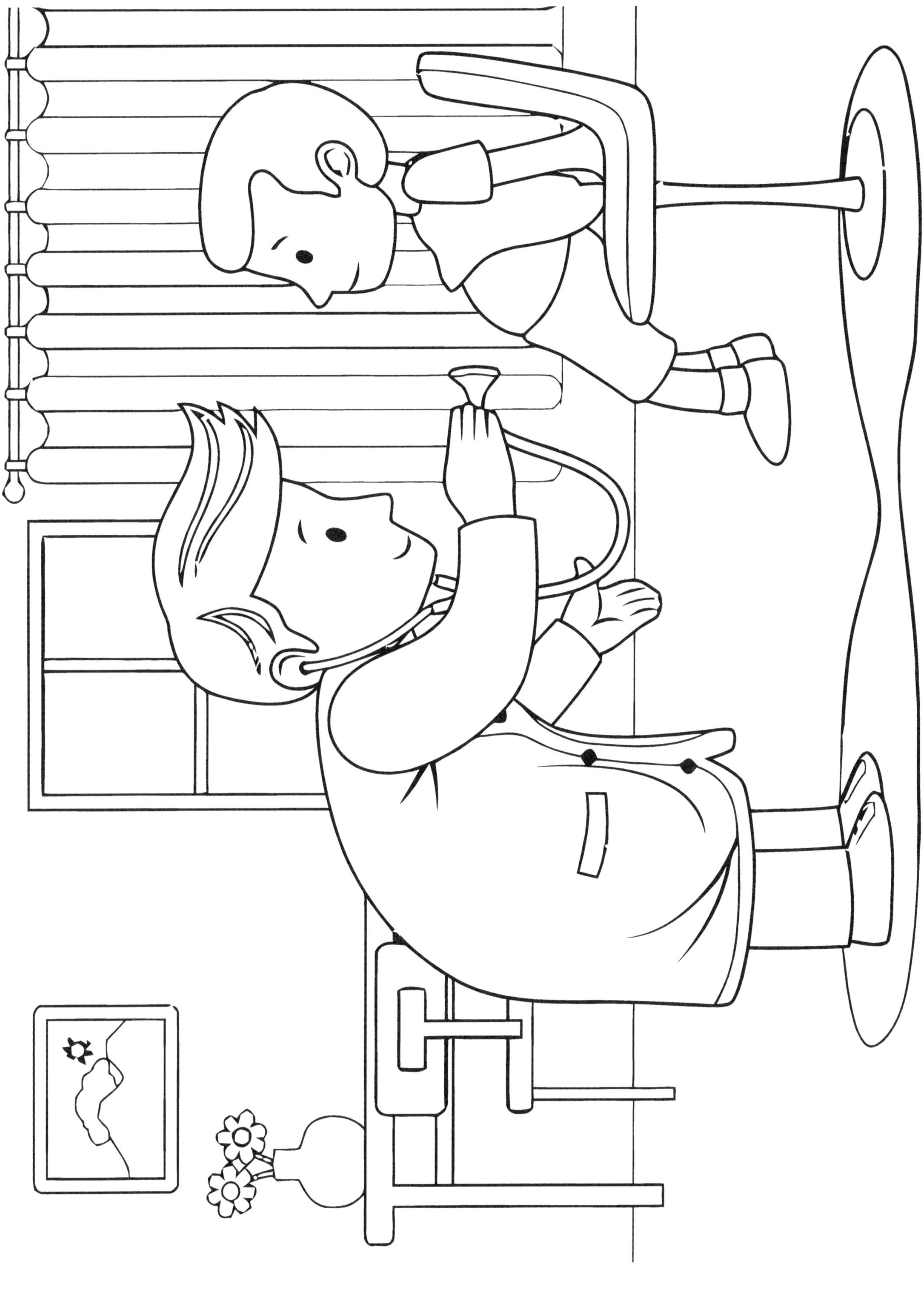

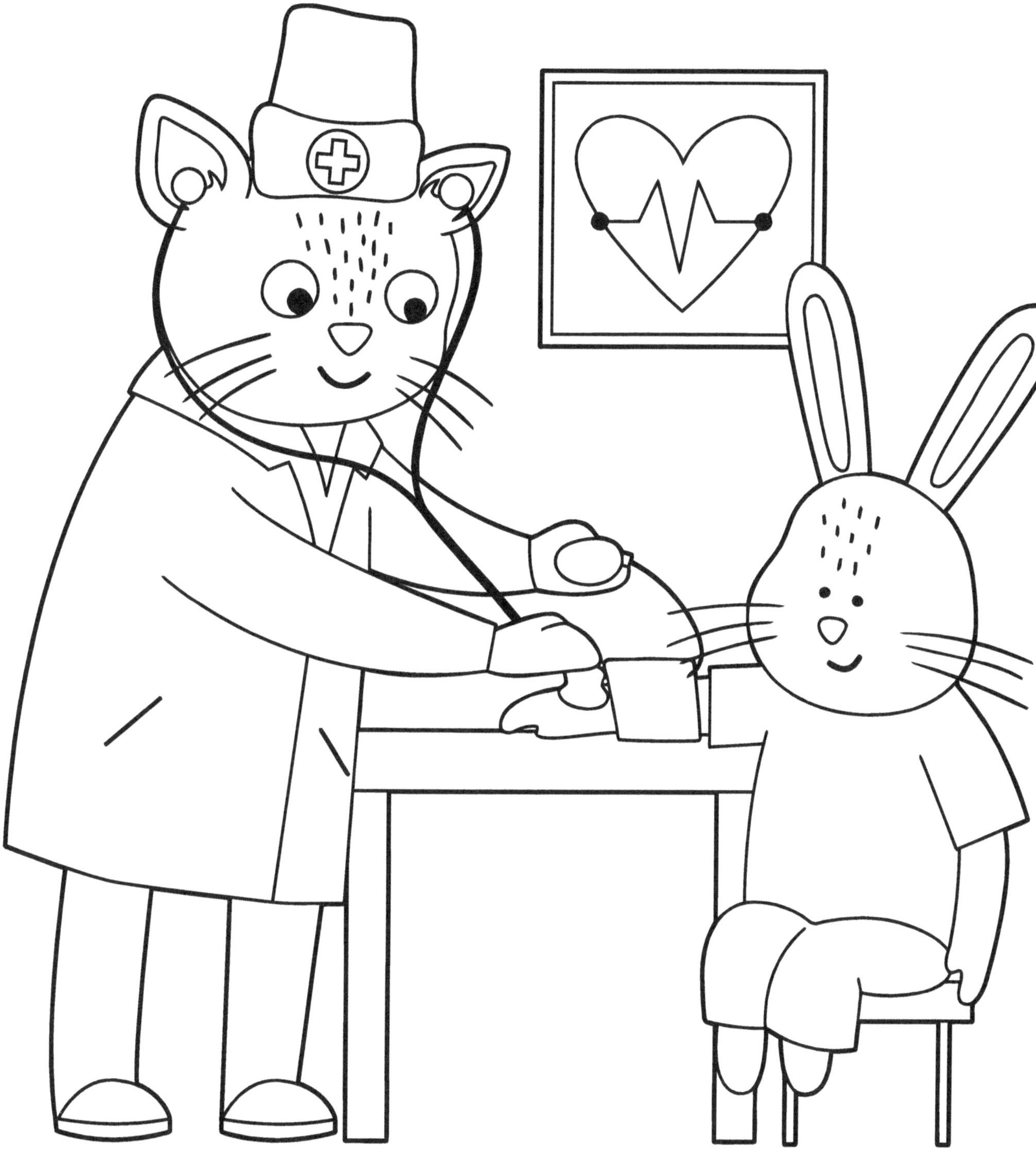

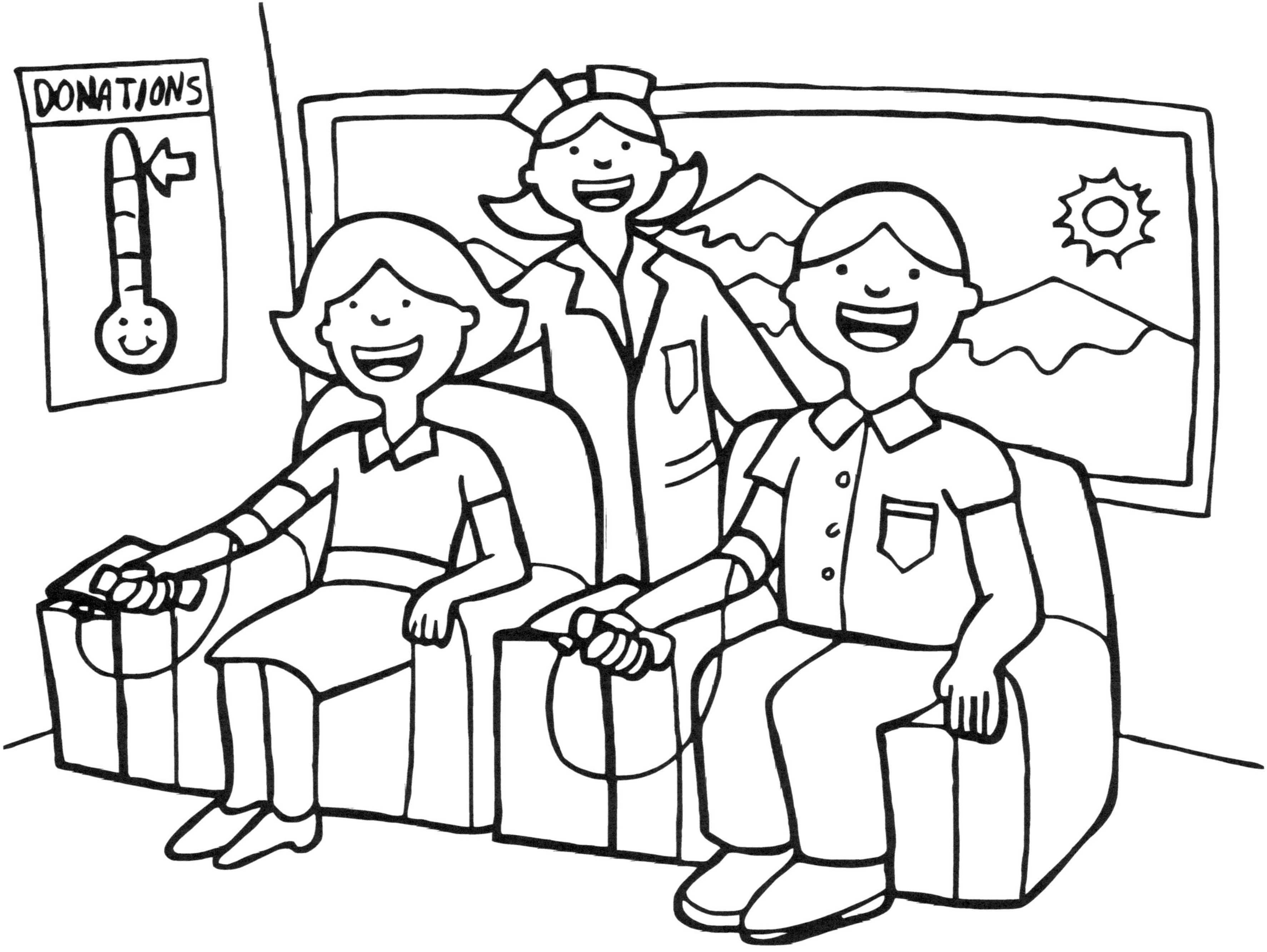
DONATIONS

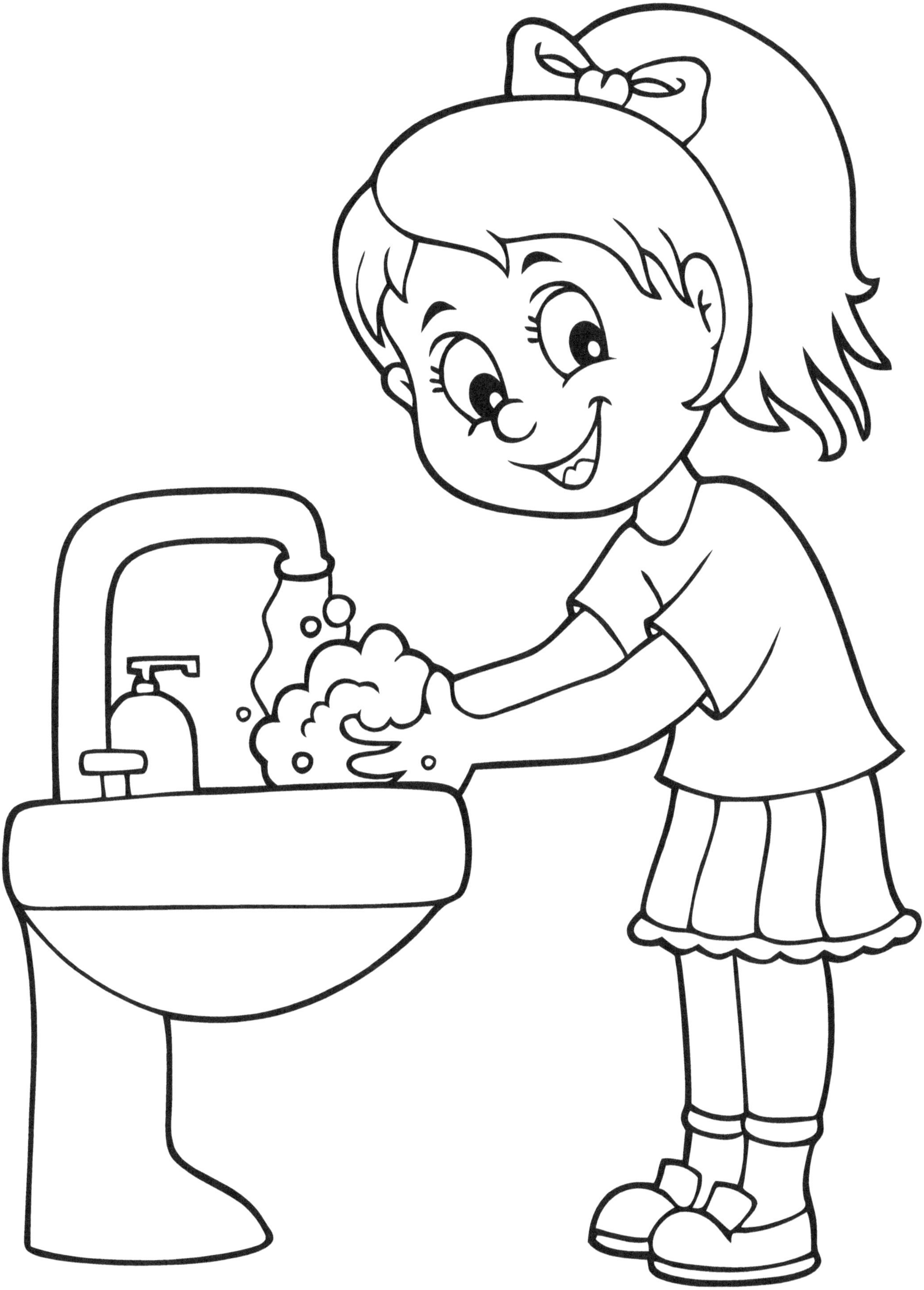

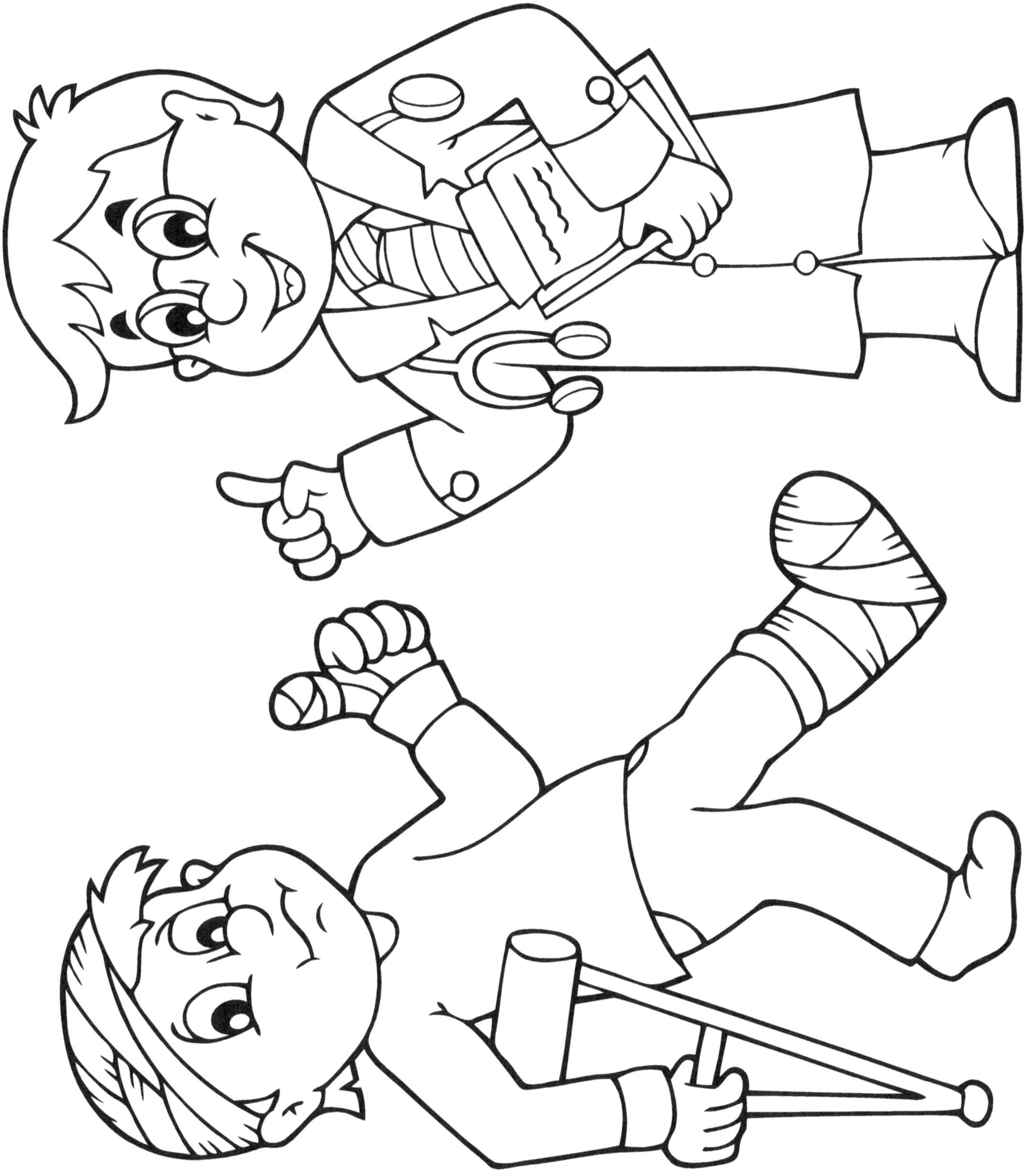

www.ingramcontent.com/pod-product-compliance
Lightning Source LLC
Chambersburg PA
CBHW081501220526
45466CB00008B/2741
* 9 7 9 8 5 9 1 7 9 9 1 4 4 *